一流沟通术 教你好好说话

＜イラスト＆図解＞

コミュニケーション大百科

戸田久実 / 著　苏文正　潘郁灵 / 译

上海社会科学院出版社
SHANGHAI ACADEMY OF SOCIAL SCIENCES PRESS

图书在版编目（CIP）数据

一流沟通术：教你好好说话/（日）戸田久実著；苏文正，潘郁灵译. — 上海：上海社会科学院出版社，2021

ISBN 978-7-5520-3315-1

Ⅰ.①一… Ⅱ.①戸…②苏…③潘… Ⅲ.①心理交往—语言艺术—通俗读物 Ⅳ.① C912.13-49

中国版本图书馆 CIP 数据核字 (2020) 第 179612 号

IRASUTO & DUKAI > KOMYUNIKE—SYONN DAIHYAKKA
© Kumi Toda 2019
All rights reserved.
Originally published in Japan by KANKI PUBLISHING INC.,
Chinese (in Simplified characters only) translation rights arranged with KANKI PUBLISHING INC., through Rinch International CO.,LIMITED
上海市版权局著作权合同登记号：图字 09-2020-956 号

一流沟通术：教你好好说话

著　者：	（日）戸田久実
译　者：	苏文正　潘郁灵
责任编辑：	杜颖颖
装帧设计：	北京诗雅颂文化传媒有限公司
出版发行：	上海社会科学院出版社
	地　　址：上海顺昌路 622 号　　邮　　编：200025
	电话总机：021-63315947　　销售热线：021-53063735
	http://www.sassp.cn　　E－mail：sassp@sassp.cn
印　刷：	三河市恒彩印务有限公司
开　本：	880 毫米 x1230 毫米　1/32 开
印　张：	7.5
字　数：	85 千字
版　次：	2021 年 4 月第 1 版　　2021 年 4 月第 1 次印刷

ISBN 978-7-5520-3315-1/C・200　　定　价：42.00 元

版权所有　翻印必究

前言

沟通，人类永恒的话题

"不好说出口的事情……该怎么说呢？"

"说话总是没有条理……"

"总是猛然间被问住，一句话也说不出来……"

"想知道对方究竟想表达什么，怎样才能听出对方的真实意图呢？"

"想去搭讪却不知道该如何切入……"

"如何在众人面前简明扼要地表达自己的想法？"

相信大家在与人交流的过程中，都遇到过这些烦恼吧！

笔者从事人际关系培训行业27年，经手培训的人数已超过22万人。在一次次的培训、演讲、以及咨询、解答中，我深深感受到无论时代如何改变，人际关系和围绕人际关系产生的沟通，总会给人们带来无穷无尽的烦恼。

这些沟通中的烦恼，不仅存在于商务场景，还广泛地存在于家庭等私人生活场景。

年龄段、成长经历、生活环境等外在因素，都会给人们的价值观造成极大的影响。所以现在下面的声音渐渐多了起来：

"我不开口他也应该明白我的意思啊……"

"为什么他的反应和我想象的不一样啊？"

"正常情况下都该这么做吧？！"

本书选出沟通中的"表达""倾听""提问""应答""众人面前不怯场""工作外交流"这几大人们频繁遭遇的烦恼，每一章对应一个主题为您倾情解惑。

本书内容适用于各类人群，无论您是学生、职场新人，还是入职多年的领导、管理层，都能通过本书内容获得启发。

或许改变一下您的沟通方式，您的人生也会从此不同。
翻开本书，学习更有效率的沟通方式，借此走上人生巅峰吧！

戸田久実

2019 年

前言　沟通，人类永恒的话题 ………………………………… 1

第一章　表达

让对方明白你要说什么，你就赢了

明确表达目的 ……………………………………………………… 2

会说话的人都善举例子 …………………………………………… 4

与其自顾自说，不如倾听＋建议 ………………………………… 6

太过谦逊会让对方轻视 …………………………………………… 8

你随意，对方也会跟着随意 ……………………………………… 10

想让别人帮忙，那就底气十足地说完最后一个字 ……………… 12

让对方理解你的动机，从你解释"why"开始 ………………… 14

把愤怒融进你的要求中 …………………………………………… 16

不好说出口的事情才要简单说 …………………………………… 18

别说"这样不行"要说"那样更好" …………………………… 20

求人先夸人，多说"这事就你行" ……………………………… 22

明确"行"还是"不行" ………………………………………… 24

工作中沟通的话题切入 …………………………………………… 26

别因争对错而与人"一较高下" ………………………………… 28

拒绝别人，要给出更好的建议 …………………………………… 30

面对骚扰，用幽默如数奉还 ……………………………………… 32

钱就是钱，一定大胆说清 ………………………………………… 34

话说太绝惹人烦 …………………………………………………… 37

跳出自己的语言舒适圈 …………………………………………… 38

不管说什么，加一个"纯属个人观点" ………………………… 40

有些事，委婉说 …………………………………………………… 42

能否一句话让对方心里舒服 ……………………………………… 44

与其一味责备，不如列举事实 ……………………………………46

第二章 倾听

能博取对方信任，你就赢了

　　自说自话让人生厌 ……………………………………………50
　　左耳听右耳冒的人，自己说话也是一团糟 …………………52
　　别人的话说得越急，越要摆出从容的姿态 …………………54
　　接不上话别慌张，多点头防冷场 ……………………………56
　　切记要把话题引回主线 ………………………………………58
　　发言前的"沉默"，体现你的分量 …………………………60
　　对话中一定要有正面反馈 ……………………………………62
　　即使不同意，也不要直接否定 ………………………………64
　　感受对方愤怒的实质 …………………………………………66
　　不能言语附和就用表情回应 …………………………………68
　　千言万语，不如你一语 ………………………………………70
　　用礼貌的总结语来终结喋喋不休的对话 ……………………72
　　被搭话时会露出"真面目" …………………………………74
　　分清"事实"和"主观" ……………………………………76
　　女性的抱怨听听就好 …………………………………………78
　　别小看眼神交流 ………………………………………………80

第三章 提问

让对方理解了你的问题，你就赢了

　　表意不明的提问只会让人迷惑 ……………………………… 82
　　举例引导回答方向 ………………………………………… 84
　　抓住别人说 NO 的时机来提问 ……………………………… 86
　　出现不一样的声音时，抓住机会来提问 …………………… 88
　　问一句"你呢？"就能让对方接棒 ………………………… 91
　　"别再犯错！"带着质疑的提问，引人生厌 ……………… 92
　　在促膝长谈前，首先要感受对方的情感 …………………… 94
　　让不爱说话的人做"选择题" ……………………………… 96
　　紧扣重点的提问塑造"老谋深算"形象 …………………… 98
　　对沉迷过去的人，要问一些展望未来的话 ……………… 100
　　对满口抱怨的人，回击"你能干什么？" ……………… 102
　　如果电话中一直记不住对方的名字该怎么办 …………… 104
　　提问的时候要抛砖引玉 …………………………………… 106
　　事情难办，加一句"如果方便" ………………………… 108

第四章　应答

讨喜地表达自己，你就赢了

不要理会"俯视"行为 …………………………………… 110
云淡风轻间忽略他人的嫉妒 …………………………… 112
大度地回应来自女性的嫉妒心 ………………………… 114
嫉妒也是男人的天性，学会合理奉承 ………………… 116
别把简单的提问变为"审问" ………………………… 118
面对眼泪不要心软，冷静回击 ………………………… 120
杜绝一决胜负的念头，避免把对话变成唇枪舌剑……… 122
面对突入而来的怒吼不要怕，一句话打开尴尬局面 …… 125
纠正别人别太直接，换种说法更友善 ………………… 128
被问及敏感话题？别怕，用"提问"对抗"提问" …… 130
别人可以自嘲，你不能跟着嘲笑 ……………………… 132
面对赞美，接受就是最好的礼貌 ……………………… 134
记得照顾人群中的"低气压" ………………………… 136
如何婉拒邀约、乱牵线 ………………………………… 138
毫无依据的"没问题"让人心慌 ……………………… 142
如何与死对头同行 ……………………………………… 144
交换名片时的妙语 ……………………………………… 145
与领导聊天要投其所好 ………………………………… 146

第五章 众人面前不怯场

抓住每个观众的心,你就赢了

- 千万别自贬身价 ········· 150
- 开头不需要无聊的段子 ········· 152
- 用开头语吸引听众 ········· 153
- 给听众反应的时间 ········· 154
- 宣讲要做到脉络清晰 ········· 158
- 照本宣科传递不了热情 ········· 160
- 语调平平,听众反应也平平 ········· 162
- 分场合选择不同幅度的肢体语言 ········· 164
- 在意犹未尽中强调重点 ········· 166
- 阐述意见,从结论说起 ········· 167
- 洞察观众回馈,融入整体氛围 ········· 168
- 一页 PPT 只讲一件事 ········· 170
- 讲解 PPT,像看连环画一样 ········· 172
- 发言结束前,总结一下要点 ········· 174
- 紧张时可以自我对话 ········· 176

第六章　工作外交流

构建良好关系，你就赢了

- 自说自话招人厌烦 …………………………………… 178
- 对付"复读机"：别犹豫，直接出击 ………………… 179
- 如何对付一肚子苦水的人 …………………………… 180
- 别怕事后再去道歉为时已晚 ………………………… 181
- 对于意志消沉的人，倾听比打鸡血管用 …………… 183
- 表达哀悼，言少则意切 ……………………………… 184
- 告别时的印象会让人回味无穷 ……………………… 186
- 提前说一句"我想吐个槽"，更能让人接受 ……… 188
- 倾诉之后别忘了道谢 ………………………………… 189
- 被介绍后要道谢并反馈，开启交际下一步 ………… 190
- 身为领导，更要谨言慎行 …………………………… 191
- 面对亲朋好友的过分关心，要善于打太极 ………… 192
- 谈钱，要直击要害 …………………………………… 195

卷末附录　妙语集

多种场景，轻松应对

职场·工作篇 ································ 200
  酒局进行得热火朝天，你却要中途离开 ············ 200
  当你想约刚刚入职的新人出去喝酒 ················ 200
  当你想在对方忙碌的时候和他搭话 ················ 201
  当你想拜托忙碌的同事帮忙时 ···················· 201
  当你对领导上级的做法有疑义，想在不伤害双方关系的前提下
  　提出意见 ···································· 202
  当你想催对方尽快时 ···························· 202
  当你觉得领导有意忽略你的成绩时 ················ 202
  当你要报告自己的工作失误时 ···················· 203
  当你要向犯了错又死不认账的下属提意见时 ········ 203
  当你犯了三次同样的错误要道歉时 ················ 204
  当你要教训屡教不改的下级时 ···················· 204
  当你被伶仃大醉的上级勾肩搭背时 ················ 205
  同事昨晚烂醉如泥，今天却仿佛无事发生 ·········· 205
  当你的业绩被同事"截胡"时 ···················· 205
  当你要严肃批评屡教不改的下属时 ················ 206
  当你想要和厂家交涉提前交货时间时 ·············· 206
  当你想调换部门时 ······························ 207
  当别人在重要碰面上迟到时 ······················ 207
  当你面对的是"玻璃心"时 ······················ 207
  当客户方的领导办事粗心，项目不顺时 ············ 208
  本来就是突然安排的工作，结果又一次被紧急更改 ·· 208
  当你在宣讲中被问住时 ·························· 209
  当有人阴阳怪气导致冷场，你想缓解局面时 ········ 209
  当下属抱怨公司人情淡薄时 ······················ 209
  会议在讨论中跑题，需要回归主题时 ·············· 210
  当有人观点过分自我时 ·························· 210
  当你被一向严格的领导责骂，不知所措时 ·········· 210
  当你表意不明，被对方误解时 ···················· 210
  别人指出你不知道的事情 ························ 211

个人生活篇 ·············· 212

当伴侣忘记你的生日和各种纪念日时 ·············· 212
当夫妻间想聊一聊假期安排时 ·············· 212
当夫妻间想表达爱意时 ·············· 213
当从未对父母表达过爱意的你想好好地道谢时 ·············· 213
当你的感谢不止一句谢谢时 ·············· 213
当你去见一位德高望重的人,想打招呼却紧张不已时 ·············· 214
当小孩子骗你时 ·············· 214
当你发现亲人朋友对你说谎时 ·············· 215
当一向稳重的你渐渐浮躁时 ·············· 215
当对方言语伤人时 ·············· 215
当你久久不能忘怀一句伤人的话时 ·············· 216
当你想向婆家提出一些意见的时候 ·············· 216
当你不想惹事又实在想说一些事情时 ·············· 217
当你在约会当天取消约会时 ·············· 217
当你想要回借出很久的书时 ·············· 218
当有人给他人造成麻烦却毫无道歉之意时 ·············· 218
当你想让一个拖延症患者早日回复你时 ·············· 219
当你在必须发言的场景下紧张时 ·············· 219
当你和朋友聊天发现他牙上有菜叶,或鼻头有污垢时 ·············· 219
当你介意伴侣的气味时 ·············· 220
当你收到不合心意的礼物时 ·············· 221
当婆家送你的礼物不合心意时 ·············· 221
当伴侣说你父母坏话时 ·············· 221
当你要和父母聊人生大事时 ·············· 222
当你因别人评价你的外观而不悦时 ·············· 222
当你想拒绝邻家阿姨的邀请时 ·············· 223
当你要拒绝别人告白时 ·············· 223

结语 ·············· 225

第一章

表 达

让对方明白你要说什么，你就赢了

第一章

表 达 | 明确表达目的

善于表达的人，总能清楚地知道自己想要说什么。

有时候，人们会感觉对一些事情难以启齿，因此在说话时总是刻意回避主题，顾左右而言他。最终在含糊其辞中，自己也被绕了进去，忘了到底要表达的是什么。如此这般，不仅说话的人感到累，就连听的人也会感到一头雾水。所以在与人交谈之前，首先要在头脑中整理出想让对方了解到的信息。

> 假如一位女下属，在工作不忙的时候，也总是日日加班到晚上10点……

✗
"你每天工作很辛苦，不用总是加班了，也该考虑考虑工作与生活的平衡了，方便的话，来我办公室聊一聊。"

Point
- 没有表达出核心思想——"别加班了，按时回家。"

> 第一章
> 表 达

- 如果这个下属是一个性格倔强的人,她可能会回答:"没事,我喜欢工作,回家也没有什么事。谢谢关心。"

今天明明不用加班……

"你每天都很努力工作,这一点确实很值得表扬。但是一直加班也很累的,做完就早点回家,要是真的做不完,也可以申请降低工作量。"

Point

- 一开始就明确表达出自己的核心思想。
- 给出一个合理化的建议更能打动人心。

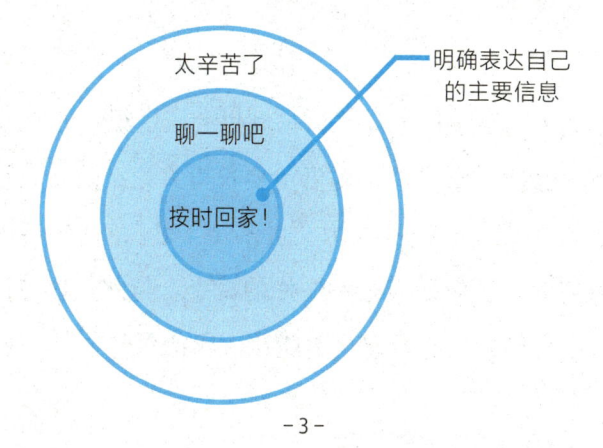

太辛苦了
聊一聊吧
按时回家!

明确表达自己的主要信息

第一章

表 达　　会说话的人都善举例子

身处领导职位的人，在沟通中总会结合实例进行说明。

作为领导，必然会向下属们解释一些事情或给他们安排工作，但下属们的价值观和理解能力各不相同，对于一些工作也未必有经验。所以在向他们解释时必须巧用例子来进行说明。

在进行一番抽象地解释之后，如果能辅以实例："其实和做……工作一个道理"，下属们就会对工作有一些实质性的了解。这个步骤很重要，如果下属们一头雾水地开展工作，那么过程中很可能出现工作方法和细节不尽如人意的风险，这不仅无法保证工作的质量，更会引发人际关系方面的问题。

要让人对某事印象深刻，举例也会产生很好的效果。

我在做演讲时，总是提倡不要长篇大论，防止自己的核心观点被模糊化。我称之为"贪多嚼不烂"，这句话的意思是：说的太多反而让人记不住你的观点。与此相比，简明扼要地说出自己的核心观点，更能让人印象深刻。

第一章 表达

当你想表达"沟通就像接球"时

"自己发球前,要先接住别人的球。可以先用'所以你的想法是……''你觉得……'之类的语言,表达出自己已经接收到对方的观点,然后再说'我觉得……',开始表达自己的观点。"

枯燥乏味的说明

加进例子的说明

让人更容易理解

上级者

| 第一章 | 与其自顾自说，不如倾
| 表　达 | 听＋建议

在表达个人观点时，如果一味地自顾自说，完全不理会别人的看法，就会给人一种很不成熟的感觉。

相比之下，有的人则擅长在不使人生厌的前提下，表达出自己的观点。深究之下，就会发现他们懂得一个道理：所谓的表达，不是一味地倾诉个人的观点，而是在交流中领会对方的想法，并在此基础上提出有建设性的意见。

所以关键就在于无论双方的意见是否一致，都不要在交流中无视对方的观点。

❌
"我听懂你说的什么了，但是……（话虽然这么说）。"

Point
不要表达出带有批判和反对性质的语言。

🔘
"你的意见是这样吗？"
"这件事我是这么想的……，你觉得怎么样。"

> 第一章
> 表 达

Point

在语言中既有对对方观点的尊重和肯定,又能引出自己的观点。

❌

"这种时候了,难道不该……吗?"
"正常人都该……吧?你为什么不……"

Point

直白的攻击性语言使人觉得不成熟。

⭕

"这件事我是这么想的,你觉得怎么样。"

Point

把自己的观点以建议的方式表达出去。

不成熟的语言:	倾听 + 建议的语言:
・带有否定语气的:"但是……""话虽然这么说,……"	・带有肯定语气的:"你的意见是这样吗?"
・带有批判语气的:"我听懂你说的意思了,但是,……"	・言语中有对对方观点的尊重和肯定:"这件事我觉得是这样的……,你怎么认为呢。"
・带有攻击性质的:"这种时候了,难道不该……吗。""正常人都该……吧。"	・把观点作为建议表达出去:"这件事我是这么想的,你觉得怎么样。"

第一章 表 达　太过谦逊会让对方轻视

在生活中,特别是在工作中,总有人过分地讲究礼貌。比如在需要确认一些材料时:

"突然让您确认这些东西,我真的感到十分惶恐,如果不行的话您也可以直接拒绝。真是太抱歉了。"

"百忙之中劳烦您真是万分抱歉,实在令我于心不安。"

除了这些又臭又长的客套话,还有明明没做什么坏事却反复道歉:

"实在太抱歉了,之后还请您多多关照。"

总是把这些过分的礼貌语挂在嘴边,给人的感觉不是讲礼貌,而是此人本身毫无价值。长此以往,这类人往往会被随意使唤,恶语相待,甚至任由他人摆布。为了避免成为这种受气包,对于过分的谦逊一定要加以控制。

除此之外,喜欢说"抱歉"的人也要注意。看起来就心无诚意、面无表情的请求会让对方误以为是他们有错在先,

第一章 表达

加重对方的心理负担。而且，过分礼貌还会让人觉得此人信口开河却依然事事求人，进而产生不信任和厌烦的感觉。总而言之，不要过分礼貌。

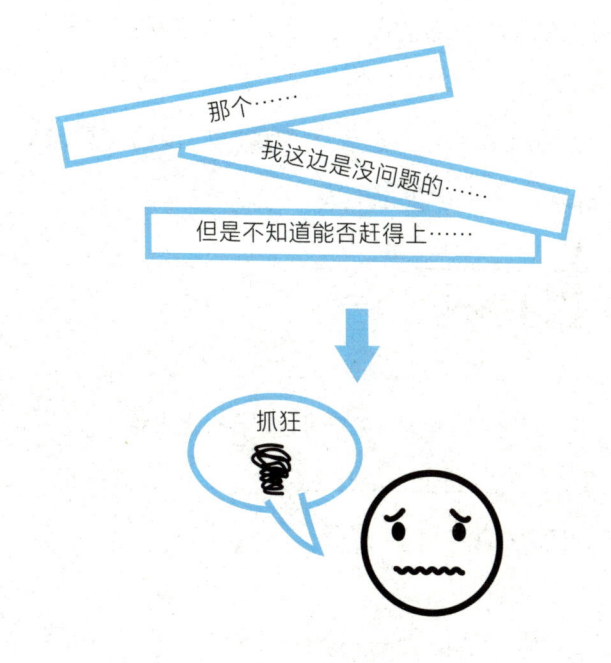

那个……

我这边是没问题的……

但是不知道能否赶得上……

抓狂

第一章 表达

你随意，对方也会跟着随意

交代任务或求人办事时，笼统的说明和具体的说明，哪一种更引人重视呢？

如果马马虎虎地交代，对方听完只会觉得这是一件无足轻重的事情。

所以交代事情时一定要条理清晰，说清楚要求和细节。最好是即便一个中学生也能充分地理解。

❌ ——————————————
"自己看着办吧。"

⭕ ——————————————
"有不懂的地方别等别人来告诉你，要马上去问。"

❌ ——————————————
"尽快回复邮件。"

⭕ ——————————————
"邮件最迟在 24 小时之内必须回复。"

❌ ——————————————
"好好收拾。"

第一章 表达

● "地板上什么东西都不要放，看不见的地方也要收拾到。"

✖ "好好打招呼。"

● "打招呼的时候要停下手里的工作，眼睛要看着对方。"

交代事情要说得具体，让对方在心中有一个明确的标准。如果对方听完后做出恍然大悟的反应，那么你就算成功了。

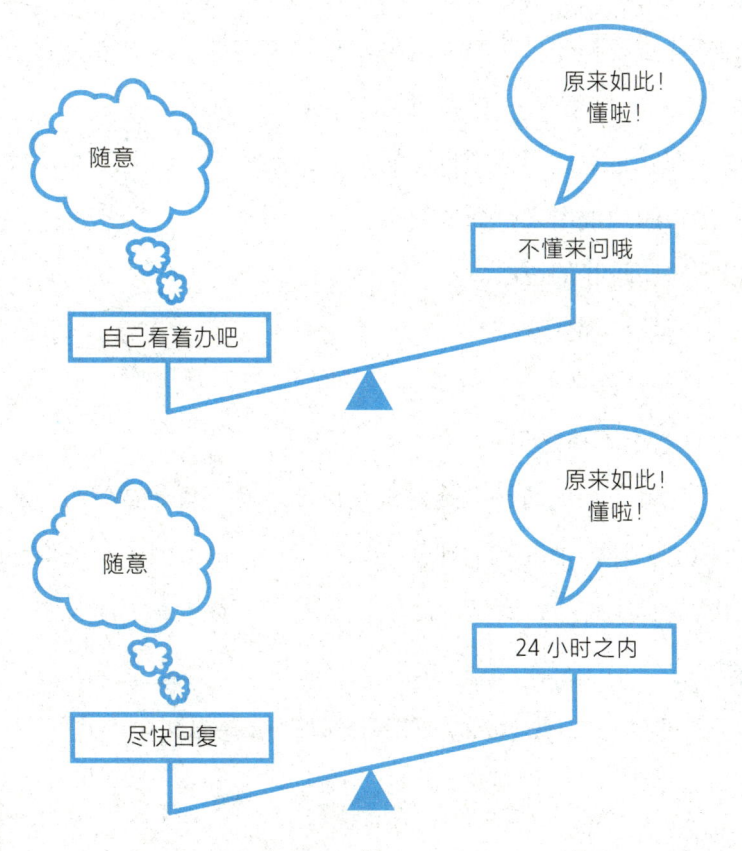

随意 → 自己看着办吧

原来如此！懂啦！← 不懂来问哦

随意 → 尽快回复

原来如此！懂啦！← 24小时之内

第一章 表达

想让别人帮忙，那就底气十足地说完最后一个字

如果一句话越到句尾越没底气，那么听的人会自然地涌起拒绝的欲望。有一类人，每当他们要求人办事、不得不表态，或想要拒绝他人时，总容易被对方占据上风，并且羞于回应，这类人有一个共同特征。那就是他们不会把自己的想法大胆地说出来，而是使用以下这些暧昧的说法。

"是这样的……"

"想请您帮点忙……"

"有个不情之请……"

这些没底气的语言透露出说话者其实是缺乏自信的。所以面对上述的情况时，即使再难说出口，也必须大胆地说出自己的真实想法，底气十足地说完最后一字。

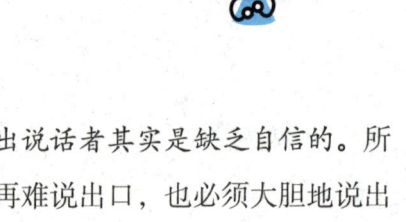

"虽然请求您有些惶恐，您能帮我做这件事情吗？"

第一章
表 达

当对方对你的请求面露难色时

"无论如何都拜托您了。"

Point

● "铺垫语言"+"给对方选择权"很有效果。

"实在抱歉,这件事确实难办,您能理解吧。"+"您能理解的话就太好了。"

Point

● 让自己的话密不透风,无懈可击。

当你要求自己公司里尖酸刻薄的"头儿"办事时

"有件事还想请您帮忙。"
"有件事想请您帮忙,您应该可以吧。"

无论如何一定要底气十足的说完自己的请求。

第一章 表达

让对方理解你的动机，从你解释"why"开始

无论是想让别人理解你的想法，还是要安排别人做事情，都一定要把事情的前因后果说清楚。

比如有以下两种说法：

"晚上 5 点之前，把给 A 公司的材料做出来。"

"去 A 公司开会要用到这些材料，晚上 5 点之前一定要把这些材料做出来，可以拜托你吗？"

这两种说法中，哪一种更容易让人接受呢？

不仅如此，要给下属制定新的规定，要在与同事的工作上培养新习惯，或者要开始一个全新的项目时，都应该说明前因后果。只有彻底了解了前因后果，才会让大家在接下来的行动中更有方向。

·发出请求 具体要求 要注意的点	
·发出请求 具体要求 要注意的点	WHY？

低　　　　　　　　　　接纳度　　　　　　　　高

第一章
表 达

需要提醒对方一些需要注意的事情时

❌

"这是公司的决定，你要骂就骂上边的人吧。"
"这是你作为一个职工的责任。"

Point

● 这些说法都带有强迫的性质。

⭕

"希望你在回家前，把桌上的书本都收到抽屉里。因为下班后会有清洁工来打扫办公室，他可能会把书当成垃圾扔掉。万一把什么重要的东西弄丢了，大家会觉得你不可靠。"

Point

● 讲清理由更易让人理解。

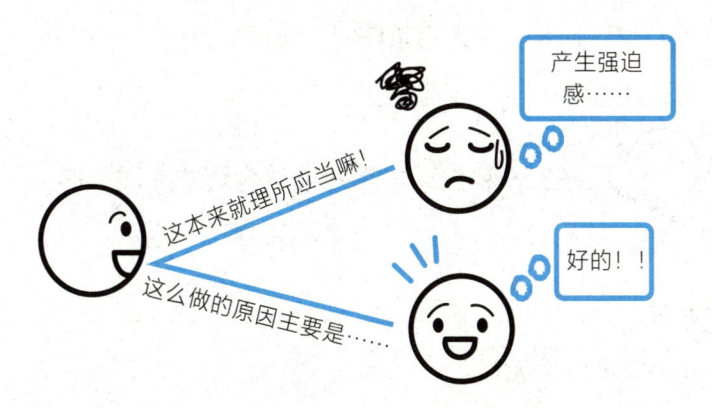

产生强迫感……

这本来就理所应当嘛！

这么做的原因主要是……

好的！！

第一章

表 达　｜　把愤怒融进你的要求中

不成熟的人会把自己的愤怒直接发泄出来。

"你是不是傻瓜？这种事适可而止好吗？"

"我到底要说几次你才懂？我就没见过像你这么没用的人。"

这些气话只会让空气里充满火药味，而对于工作质量的改善，是没有丝毫帮助的。

当然，既然已经生气了，就一定要充分表达出生气的原因、因生气而导致的情绪变化、以及对方要如何做才能平复你的怒气。如果能表达出这些，那你的愤怒就会得到释放，而对方也会感受到愤怒背后所蕴含的情绪。所以愤怒并不是一件坏事，而是一个提出条件的好时机。

> 在工作和生活中想对袖手旁观的人发火时

❌

"你为什么不帮忙！"

第一章
表 达

○───────────────

"我想说一下，大家可以一起合作的事情，你最好能帮一下忙。比如在大家都很忙的时候，可否请你过来帮忙接个电话呢。"

Point

在不责备对方的前提下，说出自己的想法。

报告里有很多错字，提醒多次却得不到改善

○───────────────

"你报告里的错字太多了，以后希望你能认真地检查一遍。这个报告不止我要看，领导、其他部门和客户也都会看，有一个错字都会损害我们的信誉。"

觉得理当会做好的事情，却没有按照预想的方向发展，这时产生的情感就是愤怒。

正因如此，如果你感到愤怒，不妨把愤怒转化为对别人的要求和期望，让愤怒的情绪帮助事情回到正确的轨道上来。

第一章　表 达

不好说出口的事情才要简单说

人们要比想象的更加不解风情。因此如果说话太拐弯抹角，只会让对方一头雾水。

❌

"那个……，XX 的事，想和你谈一谈。今天的会上说 2 周之内要交企划案……。我这边是没问题的，但是现在工作比较多，而且可能要 3 周才完成……。如果不能专心做，一则做不完，另外也会让效果大打折扣……请问您有时间吗……。"

Point

- 说话断断续续，支支吾吾，听者只会抓狂，却完全不明白你到底要表达什么。
- 正因为难以启齿，才应该简明扼要地把想说的内容全部表达出来，以免节外生枝。

⭕

"我想谈谈马上要交的企划案。为了在 2 周内能顺利交上这个企划案，有必要调整一下 XX 的工作。这个工作现在大概做了一半，能不能再给我两天时间。"

> 第一章
> 表 达

上班或者约会迟到时

❌
"早上按时起了,但是电车晚点所以来晚了。"

⭕
"我迟到了真的抱歉。因为……(电车晚点或之前的工作没做完)所以迟到,让大家等我一个人,真的非常对不起。"

Point

- 解释前先道个歉。
- 如果一开始就强调理由,人们会觉得你在狡辩。
- 最后再次道歉。

想要提醒对方时也同理。简明地表达自己的想法:"因为想要……,所以接下来一定要……哦。"这样既不会伤害对方的尊严,又能让你的主张轻松地被接受。如果对于要解释的理由思路还不够清晰或者羞于启齿,不妨事前在笔记本上组织好语言,并多加练习以加深记忆。

第一章 表 达

别说"这样不行"要说"那样更好"

想让对方在某件事上更用心，如果只说"不许……"，或多或少会让对方有被冒犯的感觉。反过来如果使用"那样做效果更好……"，会促使对方认真思考你的提议，并且更容易接受。特别是对下属及孩子这些年龄和阅历不及自己的人传达一个思想时，这样的说法更能让他们听从你的安排。

不要忘记常和别人说"谢谢""你可帮大忙了""做的真不错"这类鼓励性的语言。现在的年轻人在步入社会后，普遍担忧自己不能胜任工作。一旦被批评"这么做不行"，很多人会变得萎靡不振，甚至有些人会从此提心吊胆，生怕再犯错。所以一定要用这种带关怀的语气和他们沟通。

❌
"一个月之内必须熟练掌握现在的工作。"

Point
- 变得惧怕失败而战战兢兢。
- 可能有人会抗拒。

第一章
表 达

这样做不行!

◎ 如果能在一个月之内熟练掌握现在的工作,下一阶段的工作就会轻松一些。

Point

- "那样做效果更好……",相同的内容换种说法更易让人接受。

那样做效果更好!

第一章 表达

求人先夸人，多说"这事就你行"

要求人办事，或者要挑明一些不便明说的事情时，强烈建议加一句"因为是你，我才这么说的。"但是不要多次对同一个人重复使用，否则可能会因此招致一些猜疑。

"他在恭维我。"

"他是不是和谁都这样说。"

"他是不是想先把我哄开心了，好让我帮他办事。"

滥用此招术，可能会让你显得油嘴滑舌，但在特定情景下适当使用，则益处多多。

第一章 表 达

"别人都不行，只有你可以。"

"因为只有你可以做到，所以来找你。"

"想来想去还是来找你了。"

Point

- 在对话中透露出"你和别人不一样"的信息。
- 对于自尊心强的人特别有效。

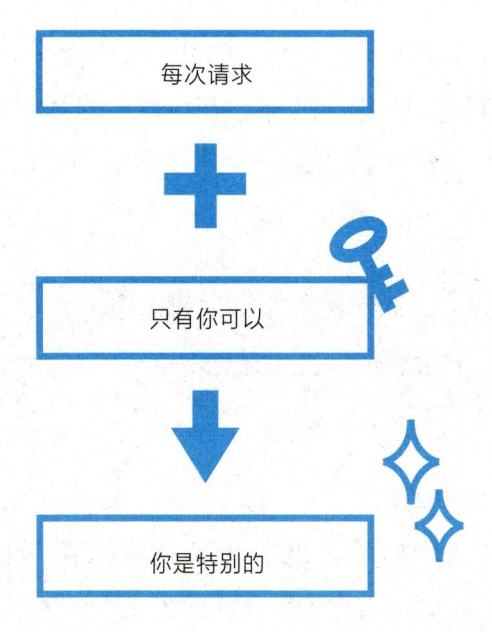

每次请求
＋
只有你可以
↓
你是特别的

第一章

表 达　明确"行"还是"不行"

如果对别人拜托的事情一味地照单全收，而最后成果却不尽人意，那么你将落得"一身埋怨"的下场。

虽然总有人担心自己在说了"NO""做不到"之后会伤害对方或者失去彼此的信任，但其实这些担心都是多余的。无论是在着手前还是工作中，都应该明确到底"行"还是"不行"。与其照单全收最后却不尽人意，不如在最开始时就言明自己的能力范围，让对方心里有底。

被领导安排工作之后

"您之前让我做的会议记录，我已经在规定日期前完成了。但是现在手头有一些工作，各分店数据的整理可能来不及了，可以的话您能安排别的人做吗？"

"本次会议的材料我已经准备好了，但是有点儿抱歉，因为我没

第一章 表达

有相关的经验，这一次还是找一个老手来主持会议吧。我也可以借这个机会好好学习一下如何主持。"

负责庆典的筹备时

○ 餐厅（商店）那边需要我去沟通一下，所以你可以帮忙负责准备礼品事宜吗？我实在没有时间去购买，你要是能帮忙就太好了。

到了截止日期工作还没做好

○ 实在抱歉，这项工作我可能无法在规定日期前完成了。再给我 2 天时间可以吗？

Point

● 当你知道自己不能完成时，不要拖延，要立刻汇报。

如上所述，明确告诉别人"行"还是"不行"，能明确相互之间的责任划分，这样等工作结束后，大家都会感到很开心。

第一章

表 达 | 工作中沟通的话题切入

想象一下，在一个平静的午后，某位下属猝不及防地对领导说：我有些事情要和您说。领导肯定一脸茫然。所以如果你是话题发起者，就应该在开篇时明确说明，本次谈话的目的到底是商讨事务、事务联络、还是要分享消息。说明具体意图后，听者才会更加专心地听取你的信息。

向领导汇报与客户碰面的进展时

"接下来向您汇报一下情况。我已经和 A 公司的 XX 小姐（或先生）碰过面了，他们采纳了我们的建议，本次我们收到了 XX 元的订单。"

"关于和 A 公司之间的项目想和您商议一下。我们和客户碰头的时候，那边希望我们能下调 10% 的价格。我自己不敢做决定，告诉对方回去征求领导的意见。您看怎么解决呢？"

第一章 表 达

上交了提案之后，领导迟迟没有回应，你想去提醒一下时

"实在不好意思，我想问一下 X 日上交的提案您已经审阅过了吗？可否请您在方便的时候告诉我一下意见或者结果。"

和领导意见不同，想坚持自己的想法时

"部长，我有些事情想和您商量。部长的意见是……，但是我是这么想的，不如我们再商量一下吧。"

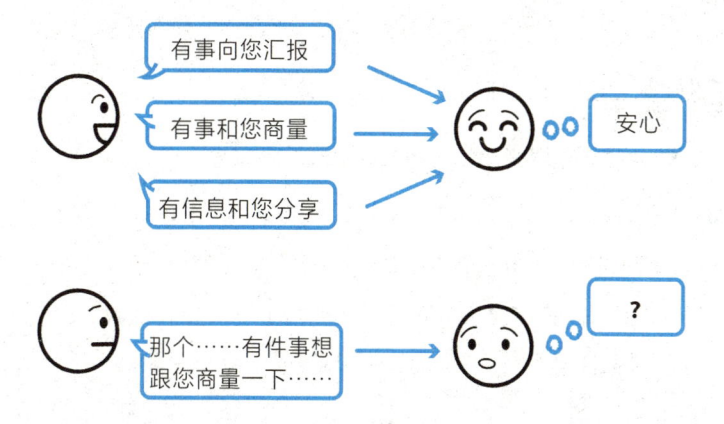

- 有事向您汇报
- 有事和您商量 → 安心
- 有信息和您分享

- 那个……有件事想跟您商量一下…… → ?

第一章 表达

别因争对错而与人"一较高下"

我们每天都和形形色色的人打交道，价值观的碰撞和意见的分歧是不可避免的。一方觉得理所应当和常识性的东西，在另一方看来却是闻所未闻的，这是一种普遍存在的矛盾。但是，即便出现了这样的情况，也要保持平和心态，价值观本身就是因人而异的。在跳槽已经变得稀松平常的职场环境中，大家或多或少都会受到上一份工作的影响，有五花八门的想法也就不足为奇了。

❌

"正常都是按照……的工作步骤吧，你这样做可不行哦。"

Point

● 一味主张自己的想法，否定对方的想法。

◎

"对了，职工大会上你说先提案对吧，能问一下为什么这么想吗？"
"对了，你觉得你的方案可以让提案早日实现。事情是这样的，本次工作其实是为更大的决策打基础，至于原因嘛，其实我们公司……"

第一章 表达

Point
- 倾听对方的想法
- 给出沟通的态度

"大家喝酒干杯一般都是啤酒吧。"

"为什么要在日式煎蛋卷上淋酱汁呢。"

以上这些语言会让别人难堪。

但是让对方进退维谷，凸显自己的正确，不是我们沟通的目的。

自己的想法和价值观并非是衡量这个世界的唯一标准，价值观因人而异，千人千面才是世界的常态。我们一定要了解和承认彼此的不同。每当我们必须做出决定时，一定要把自己的想法跟对方说清楚，比如为什么我这么想，为什么有这个想法，同时也要倾听对方的想法。在良好的氛围中展开对话。当你要和三观不同的人一起做决定，或者希望事情按照你预想的方式进行时，这种技巧会非常有效。

第一章 表 达 | 拒绝别人，要给出更好的建议

有的时候，我们不得不拒绝别人。但拒绝时如果直接说不行，你们的关系可能也会因此走到尽头。

相信大家都不是冷酷无情的人，但是有些事情实在爱莫能助。在这种情况下说一句"要不这样……"给出一个合理的替代方案，可以一下子提升对方对你的好感。

"非常遗憾，您的方案我们实在不能完成。但是我们这里现在有另一种方案，或许可以给您提供一些帮助。"

Point

- 当你有自己的建议时，可以避开对方的话锋，继而说出自己的想法。

第一章
表 达

不行

要不这样……

✗ ○

当你想跳过对方要求的时候

"这次就这样吧,但是下次可以这样做吗?"
"本次收取 XX 金额,可以的话,某某项目也交给我们吧。"

Point

● 当你有自己的建议时,可以避开对方的话锋,继而说出自己的想法。

第一章 表达 | 面对骚扰，用幽默如数奉还

遭遇轻佻的言语时，该怎么做呢？

遭遇性骚扰确实是件令人不愉快的事，但是想都不想大声地回击一句"性骚扰！"只会让现场的气氛变得像谜一样的尴尬。即使最后没有造成多大的波澜，也会被人贴上"开不起玩笑"的标签。

而"老油条们"则会幽默地回敬。在玩笑中回敬对方既不伤和气，又能完美地化解尴尬，实在是沟通妙计。我所知道的"交际花"们都非常会反击轻佻的言语。

当遭遇领导的挑逗时

"平时看您文质彬彬，现在说我像个肉丸子，我还真有点惊讶。"

第一章 表达

和关系亲近的人开玩笑时

"你的胸挺大的,有多少啊。""两个啊~。"
"你是不是胖了。""胖人有福啊。"

这种不让气氛紧张的技能在别的场合也同样适用。

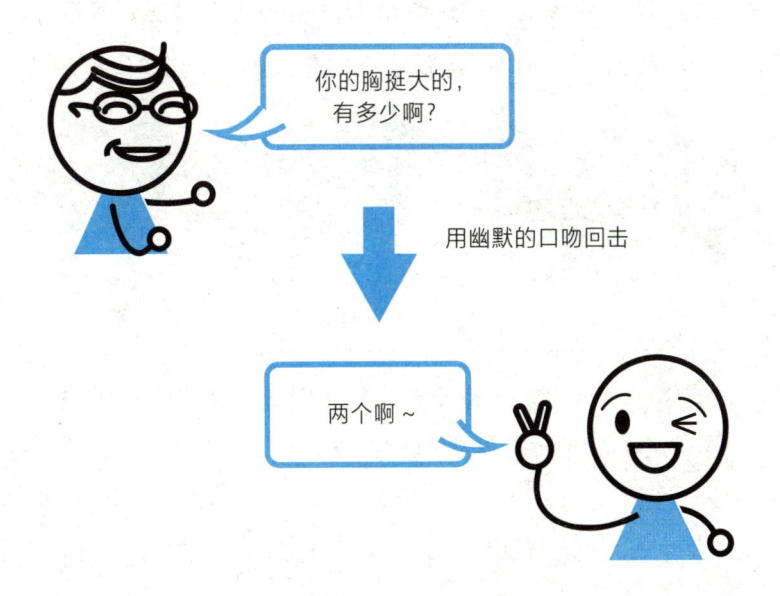

你的胸挺大的,有多少啊?

↓ 用幽默的口吻回击

两个啊~

第一章

表达　钱就是钱，一定大胆说清

在题为"最难说出口的事情"的问卷调查中，和钱有关的话题总是位居前列。面对金钱，人们总是羞于开口。但一定要改变这种想法。

随着业务能力的精进，对于钱的话题的掌控也会越来越游刃有余。

越拖延一件事情，这件事情节外生枝或是出现更多意外的可能性就越大，所以一定要放平心态，直截了当地说清楚。

交涉时想压价

"有件事想和您商议，刚才提到的金额（因为我们这边的预算也早就定好了）我们希望能够调整为 XX 元。"

第一章
表 达

对方的工作质量没能达到预期，因此要减少报酬时

"关于本次的酬劳想和您商议一下。我方认为本次工作成果没达到预期效果。具体来说就是制作阶段的瑕疵多，产品完成度过低，运行时也频发故障。所以我们准备调整酬劳为 XX 元。您意下如何？"

Point

- 为了不让对方觉得下调价格是因为小气，要说明下调酬劳的原因。
- 如果今后不再与这家公司交易，本次对话还能暗示合作关系的变化。

交涉中提出的价格过低，要拒绝

"对不起，我们不太能接受您提出的价格。我们觉得 XX 元的价格比较好，您觉得如何？"

"别的客户也提了一样的价格，十分抱歉请您理解。"

一流沟通术：
教你好好说话

对方希望压低价格，但我们无法做到时

"抱歉，这已经是我们能给出极限的价格了，您要求再压低价格我们确实做不到。请您理解。"

被店家推销超过消费能力的商品

"我确实很中意这件商品，但价格不是我的心理预期，XX元您看能商量嘛。"

别人问能不能减价的时候

"太抱歉了这个不能减价，您预算的价位是多少呢，我可以为您介绍一下其他产品。"

第一章

表 达　　话说太绝惹人烦

说话太绝对的人容易被人贴上"偏执"的标签。

"B型血的人都比较任性。"

"那个地方的男人都讲究男尊女卑。"

"现在的年轻人都吃不了苦。"

常发表类似言论的人，人们会觉得他执着于自己的想法，很固执。长此以往，别说构建人际关系网，他本人可能已经先被大家孤立了。

不轻易下结论的人，往往不会被偏见所迷惑，能接受各种各样的观点，也有着开阔的视野。所以能够做到客观公正地看待事物。

不给别人预设形象，意味着与他人接触时不会先入为主或带有偏见，这样的人往往可以拥有更广阔的人脉网。

想结交更多人脉，就一定不能偏激。

第一章

表 达 | 跳出自己的语言舒适圈

通常来说，自我保护的语言习惯会阻碍我们成长。

在我们接受不了别人过分的要求时，会反驳"可是……"。在我们想要通过狡辩来保护自己时，会说"全是因为……"。

在我们被逼着做事，或者必须去做一些缺乏经验的事情时，会产生一种心理暗示，告诉自己这件事情我本来就做不好。这样即使事情的结果不理想也不会产生太大的心理负担。这其中往往蕴含着一个重要原因，就是缺乏自信。

❌

"说到底，我这种小喽啰的意见是不会被领导采纳的。"
"我就算再怎么努力，也不可能被认可的。"
"我的提案就算交上去，也一定会被批评太幼稚，肯定不会被采用的。"

这种想法其实是一种自我保护的做法。

当我们的意见没被重视，努力没得到认可，或者被否定时，一句轻描淡写的"看吧，我早说过我不行了"可以让场面不那么尴尬。

而"不是我不行，是那个人有毛病"的说法，则可以转移责任让自己不那么受伤。

说出"我不行"的那一瞬间虽然得到了片刻的慰藉，但长久来看却让我们丢掉一个又一个提升自我的机会，让我们永远在原地踏步得不到成长。所以每当这种消极想法浮上心头时要赶紧把它抛弃。

只要你跳出语言舒适圈，你在周围人心中的印象就会极大改善。

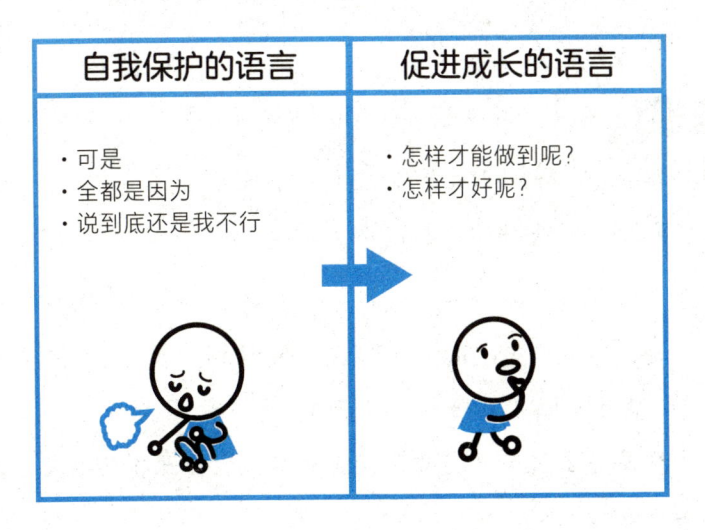

自我保护的语言	促进成长的语言
・可是 ・全都是因为 ・说到底还是我不行	・怎样才能做到呢？ ・怎样才好呢？

第一章 表达

不管说什么，加一个"纯属个人观点"

我们要注意当我们想向别人传递一些信息时，一定要分清哪些是个人观点，哪些是客观事实。因为"个人观点"和"客观事实"的说法是完全不同的。

✖

"今天和客户聊得很开心，进展非常顺利。客户对我的方案非常感兴趣，肯定会采纳的。"

Point

- 会影响听的人对此事的看法。
- 主观的信息传播会造成更多的误解。

◯

"客户说这次的方案和他们的需求非常吻合（真实信息）。我个人感觉这次谈得挺开心，他们应该会采纳（个人观点）。"

分清楚主观与事实的人，能够客观地处理各项事务，因此更容易得到他人的信任。

第一章 表达

　　正确的做法是在被问及个人的想法或感受时，可以发表主观言论，而在做商务汇报、商务联络、商务会谈时，则应该客观地叙述事实。

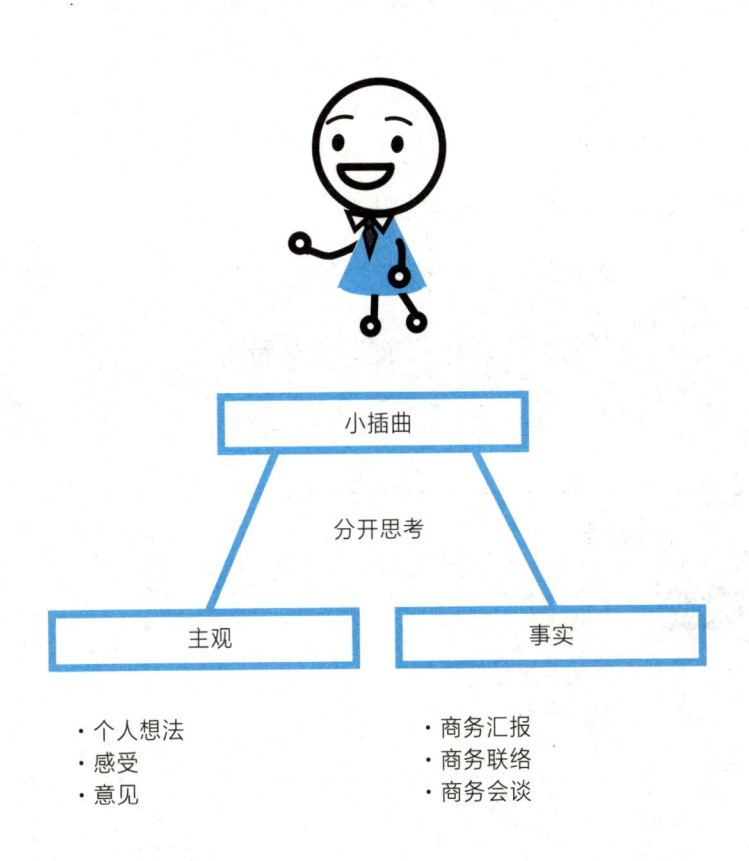

```
           ┌─────────┐
           │  小插曲  │
           └────┬────┘
             分开思考
        ┌───────┴───────┐
   ┌────┴───┐       ┌───┴────┐
   │  主观  │       │  事实  │
   └────────┘       └────────┘
```

・个人想法　　　　・商务汇报
・感受　　　　　　・商务联络
・意见　　　　　　・商务会谈

第一章

表 达 | 有些事，委婉说

领导的假发歪了、鼻毛露出来了……当你遇到类似情况时会如何应对呢？我推荐使用"……"含混过关。

> 领导的假发歪了碰巧被你看到

❌

"你假发歪了！"

Point

- 头发可能关乎对方尊严。
- 假发这种词不好直说。

⭕

"那个……你头发好像乱了……"

Point

- 轻声细语说，不引起关注。

第一章
表达

领导的鼻毛外露，全公司都炸锅的时候

○

"倒不是什么大事，就是觉得告诉您一声是不是好点……"

Point

- 轻声细语，别被别人听到。
- 用不让人尴尬的方式。

○

"说句玩笑话，您现在有点像漫画里的人物（鼻毛外露的形象）。"

一脸严肃讲话的领导眉毛上一直停着一只蚊子

○

"那个……眉毛……蚊子。"
"说出来可能很奇怪，但如果您被叮了就不好了。"

Point

- 憋住不笑。

　　说到句尾含混过关，可以不引发关注，无论自己还是别人都不会尴尬。

第一章 表达

能否一句话让对方心里舒服

当对方觉得大事不妙时,要使用一些安抚人的话来缓解对方的焦躁情绪。

比如,和朋友约好今天见面,但是朋友因为忘记而迟到,并急急忙忙地用微信或电话向你解释时:

"没事,不急。你来的时候注意安全。"

如果你已经提前到店里了。

"没事的,里面挺凉快的。我在这里边喝东西边等你。"

如此安慰定会让朋友放心不少。

如果你们组突然被安排了工作,同事对此很有意见。

"一定是我们太优秀了,咱们都别气鼓鼓的了。"

人们一定会觉得这样的人体贴、温暖,是个能为别人考虑的人。并且会乐于与这样的人交往(一起工作)。当有朝一日我们遇到状况时,别人也有很大几率对我们施以援手。这时做人的差距就体现出来了。

第一章
表 达

对来拜访的人

"一路上辛苦了。"

"这么远你都来了太好了。"

自己加班时，有人不好意思走

"XX 小姐（先生），别管我，该走就走，我这里有活儿没干完呢。"

真的抱歉　　　没关系的

他真是个
温暖的人♡

第一章 表达

与其一味责备，不如列举事实

每个人在工作中都难免会犯错。面对别人的错误，我们总会忍不住发火。但是一味的责备只会造成相反的结果。玻璃心的人会闷闷不乐，好胜心强的人则会顶嘴甚至反抗。

所以遇到工作失误时，不妨像这样说："这次发货失误造成 A 公司收货延迟，他们那边的领导一直加班到深夜才处理完。"用事实说话，更能促使人反思。

用铁一般的事实来敲打对方，可以减少本次对话中"责备"的成分，让对方把焦点放在因自己的失误而造成的严重后果上，这样更能激发他改正错误的决心。所以与其破口大骂，不如用事实说话。

有人总迟到你要提醒他时

❌

"你为什么总是迟到啊，真是散漫。"

> 第一章
> 表 达

⭕ "你这个月迟到三次了，必须得提醒你了。"

Point

- 避免使用"总是""肯定""绝对"这种过于绝对的语言。
- 避免使用散漫这种上升到个人评价的语言。

当你提醒对方而他却在辩解时

❌ "你怎么现在还在狡辩，所以我说你这人真是不行。"

⭕ "你现在说这些，就是还没理解我的意思了。"

Point

- 对方和你辩解＝对方心理上觉得你是对的，但依然嘴硬试图推卸责任。
- 重点是要说出他人会如何看待这种辩解。

之前的误解似乎要深化为矛盾，你要出面修复关系

"我觉得你可能误解我了,能让我再解释一下吗?"

"你可能觉得是……,但我想好好和你说明事情的原委。"

Point

- 不要责备对方。
- 讲明事情的原委。

自己的名字被搞错了

"我其实叫 XX,这个字挺难吧,以前也总被念错。"

Point

- 告诉别人正确的姓名。
- 告诉别人自己的名字常被念错,不让对方尴尬。

与其破口大骂,不如用事实说话。

第二章

倾听

能博取对方信任,你就赢了

第二章

倾听 | 自说自话让人生厌

打断别人抢话题，是聊天中的大忌。如果在别人说完前抢过话题，开始自说自话，或是炫耀自己的经历，恐怕对方只会对接下来的对话全无兴致。

如果领导在下属发言的时候屡次打断下属，就会打乱下属原本的发言节奏。如果宣讲人在台上演讲时，突然被台下的人抢了风头，那么本场宣讲的主题可能就会被混淆。

这个道理，无论在个人交际还是公共社交的场合中都适用。设想一下，如果有一个人习惯在谈话中抢他人风头，那么他本人自然会觉得事事压了人一头，有耀武扬威的感觉。但是对于其他聊天参与者来说，原本良好的聊天气氛被破坏，不仅兴致一扫而光，还会觉得此人以自我为中心，自然而然地，就会将他拉入社交活动的黑名单中。所以喜欢抢话很容易成为被人疏远的原因。

所有人都希望自己说话时不被人打扰。如果你想取得别人的信任，首先要做到能够认真地听完别人的发言。

第二章 倾听

如果你已经学会了不打断别人,那么请看下一阶段的教程。

不止要安静听完别人的话,还要学会附和"确实是""真的吗,那可真是太……了"。

为了防止无意中抢人话题,在想发问前试着询问对方是否已经讲完。

有人想抢话时,可以回敬一句"那个,我没说完呢""XX 小姐(先生)还没说完呢"。

在开始发言前说一句"我希望大家能够认真听我说完"。

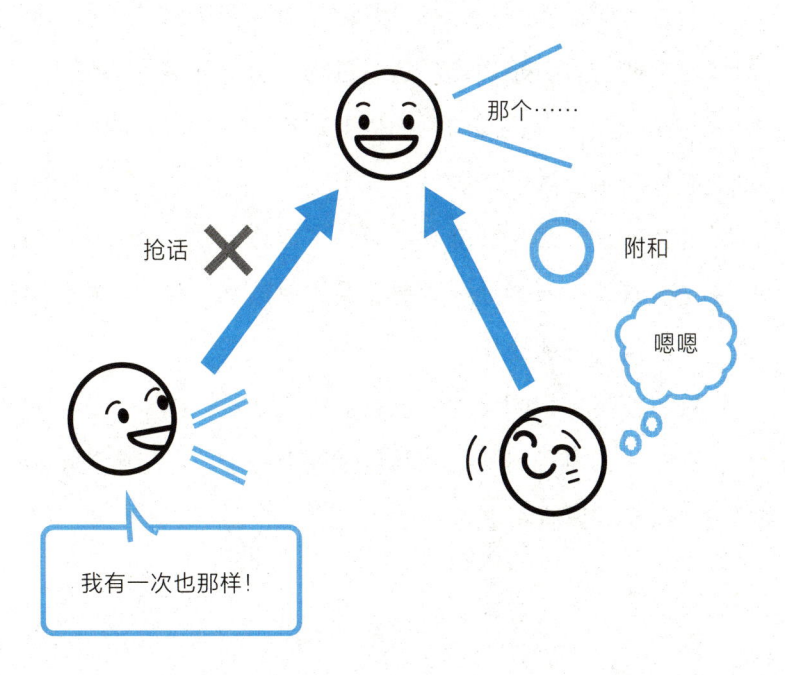

那个……

抢话 ✗

附和 ○

嗯嗯

我有一次也那样!

第二章 倾听

左耳听右耳冒的人，自己说话也是一团糟

善于倾听的人，也善于归纳和总结。

反过来说，如果一个人不善于归纳别人语言中包含的信息，那么他通常也不善于清晰明确地表达自己的观点。这样的人常会语无伦次，让人不知所云。

交谈时应该做到：归纳对方通过语言表达出的信息，同时将对方的主旨总结出来。这个过程，和整理自己的观点然后表达出来其实是相同的。如果欠缺这种能力，在职场上很难完美地向领导做报告。

具体来说，想要打磨自己的语言能力，首先要从学习倾听开始。认真听取对方表达的信息，归纳要点提炼总结，这是一个熟能生巧的技能。

这里要特别提醒女性朋友，女性说话比较细腻，喜欢重复，有时候说着说着就绕到其他话题上去了。所以要把握好要点，组织好语言再发言！

第二章 倾听

整理三要素

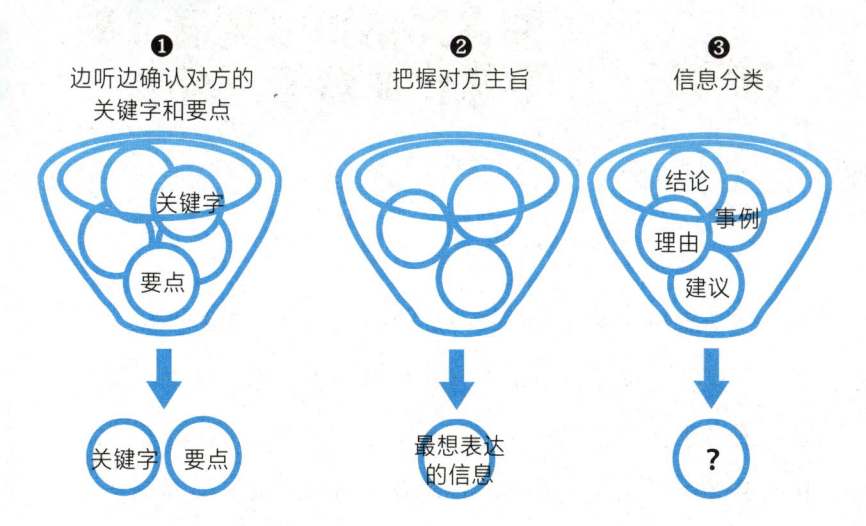

❶ 边听边确认对方的关键字和要点

❷ 把握对方主旨

❸ 信息分类

- 关键字
- 要点

↓
关键字 要点

↓
最想表达的信息

- 结论
- 事例
- 理由
- 建议

↓
?

整理时应把握的要素

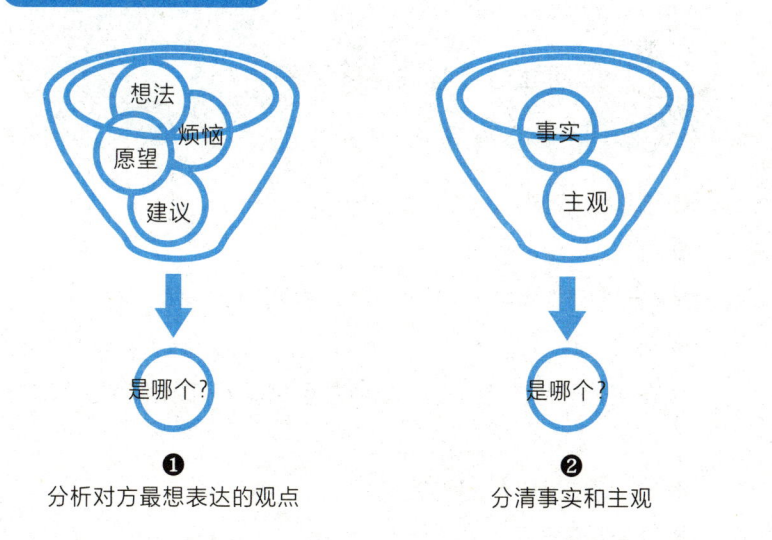

- 想法
- 烦恼
- 愿望
- 建议

↓
是哪个？

❶ 分析对方最想表达的观点

- 事实
- 主观

↓
是哪个？

❷ 分清事实和主观

第二章 倾听

别人的话说得越急,越要摆出从容的姿态

在交流中,手握主导权的是听的人,而不是说的人。

在有些情况下,对话的气氛可能不太轻松。比如突遇故障,或者工作发生失误;遇到了个人生活方面的问题;无法按时赴约……别人越着急,你越要安抚对方心情。遇到一个能从容面对问题的人,对方焦急的情绪也会因此而大大缓解。

如何让对方心情平静下来

- 对方急忙赶来时,数三秒,吸气……呼气……
- 请对方就座。
- 换一个交谈场所(选择安静的环境可以让人放松)。
- 倒茶。
- 在比较安静的场所里,如果性别相同,可以用手轻抚对方的背。
- 交谈时使用让人放松的语句。
- 点头也要慢。

第二章
倾 听

- 在对方说完前一直倾听,不要发表言论。
- 在回复时如果有问题,要用轻松的方式提问,不要严肃质问。
- 不要一边抱着手臂一边用严肃的表情交谈。
- 别双目圆睁地看着对方(特别是对方遭遇了失败时)。

对方没有头绪,不知从何讲起时

不知从何说起,就从想到的地方开始说吧。

喘口气再说。

从事教育行业的人更要熟练掌握这些技巧。

第二章 倾听

接不上话别慌张，多点头防冷场

在我们的日常生活中，并不是所有场景都能用语言来回应。比如针对别人的污蔑和谣言、自吹自擂、牢骚、自轻自贱，过分自傲、或者外人不便评论的家事。

但是我们又毕竟在和对方交谈。对方抛出的话题难以回答，而对方又期待你的回复，在这种情况下推荐用点头来防止冷场。

不知该如何应答时

"我和 XX 分手了，和这种渣男（女）交往了这么长时间，我的运势都变差了……"

"前几天我从公司辞职了。那种垃圾公司，从老板到员工全都是……"

Point

- 别人找你吐槽时，可以微笑着点头并表示肯定。

第二章 倾听

需要展现自己认真聆听态度时

"丈夫的公司重组了,家里孩子还在上学,太难了。以后的生活如何是好啊。"

Point

- 当对方感受压力找你倾诉时,要用认真的表情轻轻点头。

突然不知如何应答或者不便轻易做评价时,只需点头防止冷场,这样还能给人留下认真倾听的印象。

总之,在我们与人交谈时,除了语言本身之外,说话时的仪态和微动作同样重要。

第二章

倾 听 | 切记要把话题引回主线

在会议和碰面中，可能会出现这样的情况：大家热火朝天地聊天，聊着聊着就离题万里，没人记得会议原本的主题。如果有思维发散型人在场，就更容易发生这种情况。这时，在场必须有人把话题引回主线。

把话题引回主线可以参考以下话语：

"那个，咱们刚才说的什么来着……"
"收住，咱们回归正题。"

类似的语言很有效果。

对于说话比较发散的人来说，也可以直接告诉他：
"现在好像有点儿跑题了，咱们本来要说什么来的？"
"咱们今天还真是说了不少，但是时间有限，咱们先把要紧的说了吧。"
"今天咱们先商量一下……，然后再说别的。"

总之和思维发散型的伙伴共事前，应先确定好谈话流程、何时结束等谈话的框架，思考清楚本次谈话的主题，并尽可能地约束谈话的方向。

也可以在正式谈话开始前，大体安排好流程、确认待办事项的顺序、结束的时间。在没人主导谈话的情况下，自告奋勇地把控整个谈话流程。

对于下属和晚辈来说，在谈话中完美地结束谈话中的小插曲已经成为必学技能。如果你能让已经发散的谈话重回正轨，一定可以让大家另眼相看。

想要回归主题的时候

主题 → 偏离主题时

- "话说，咱们刚才讨论什么来的？"
- "收住，咱们回归正题。"
- "咱们先把刚才讨论的事情决定下来吧。"

聊天前攻略

- "今天咱们主要说一下……主要分 x 步说。"
- "本次的磋商就由我来带头吧。"

→ 主题

第二章 倾听

发言前的"沉默",体现你的分量

当我们需要和别人谈论严肃的话题,或者要讨论需要认真对待的话题时,在发言前最好能够稍加沉默,无需过长,5秒钟即可。

然后在发言前要边点头边做如下回应:

"(沉默)有这种事啊。"
"(沉默)这确实不好办啊。"
"(沉默)真的太难了。"

或者直说:

"和我说出来发泄一下挺好的,虽然我不知道怎么回答……但我在认真倾听。"

在谈论严肃话题的时候,对方的心灵往往十分敏感。我们作为听者,如果能够在回应前稍作停顿,便能做到换位思考,体会对方当前的心情,这样也可以使对方放松下来。

第二章
倾 听

我们的反应也要符合交谈的氛围。在谈论愉快放松的话题时，反应要明快；在谈论悲伤的话题时，反应要符合悲伤的氛围；在谈论严肃的话题时，反应要稳重。

还要特别注意，对于态度认真的语气要多加留意。

虽然站在自己的角度上看，有些事情理所应当，不算特别技能。但是只要你能够做到，别人就会觉得你能够体察别人心意，会看别人眼色。

如果聊天氛围沉重严肃，你却没忍住笑了出来，或者你心不在焉的样子被人记住，那么你的个人形象便在此刻尽毁了。

希望大家不要忘记，听人说话时的仪态要比想象的还要重要。

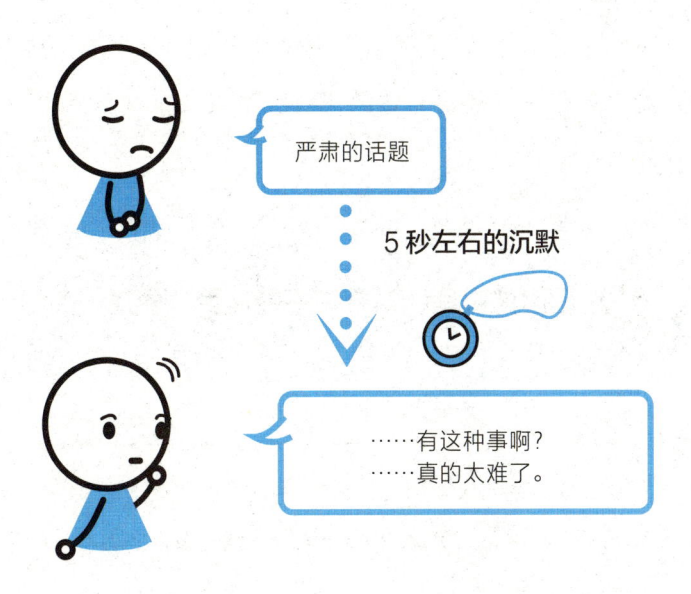

严肃的话题

5 秒左右的沉默

……有这种事啊？
……真的太难了。

第二章

倾听 — 对话中一定要有正面反馈

只要与人交谈，就难免会出现意见上的摩擦，或是观点上的对立。毕竟，所谓交流本来就是不同观点的碰撞。

在这样的碰撞中，人们很容易一味强调自己的看法，而忽略对方的观点。再或者，虽然理解了对方的观点，但在争论中忘记向对方抛去橄榄枝，到最后还是没能给对方正面的反馈。

实际上，我们不仅应该在谈话中表达出对于对方的理解，更要抓住对方最想表达的想法，通过这个切入点给予对方良好的反馈。

> 提出建议后，对方说不能接受，要找人商量

❌

（只是工作关系的人）"话虽如此，但这是临时的决定……"

（和关系比较近的人）"因为临时决定所以才没办法啊。"

第二章
倾 听

▲

"所以说你是不赞成咯？"

◎

"所以说，你反对的原因是希望事前应该做个商量，是吧。"

Point

- 不止要给出结论，还要抓住对方最想表达的想法。
- 对这个结论涉及的经过、想法、心情表示理解。
- 让对方知道你对他想法的理解，取得信任。

◎

"我知道你为……做出的努力，辛苦了。"

如果你理解了对方的想法却没有表达出来，对方就不会收到"你理解了"的反馈，你们的交流就会陷入误解之中，大可不必如此。

我们在生活中习惯于注重如何表达，但实际上如何听取别人的意见也是一门学问，倾听同样能够影响交流的方向。

第二章 倾听

即使不同意，也不要直接否定

让我们想象一下以下场景：

"那个人特别喜欢钻牛角尖。"

"你知道吗，K部长之前明明没几根头发，但是最近好像头发变多了，我猜肯定是戴假发了。"

当我们遇到类似以上这种已经预设好观点的对话时，应该作何反应呢？

如果直说"我觉得不是"，那么我们就自然而然地站到

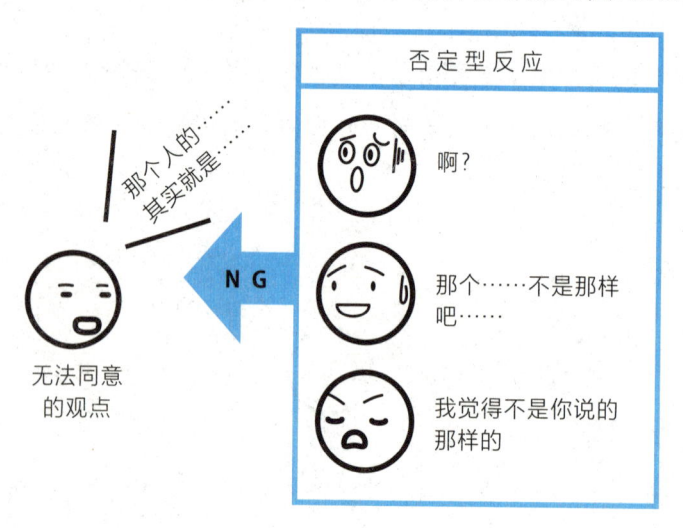

否定型反应

那个人的……
其实就是…… → NG

无法同意的观点

啊？

那个……不是那样吧……

我觉得不是你说的那样的

> 第二章
> 倾听

◎ 当我们不同意对方观点时可以：

◉ 首先对于对方的观点表示理解，然后表达自己的观点。

- "我是这么想的，你看怎么样？"
- "对不起，这个建议实在有点儿难以接受，因为……"

◉ 不想卷入纷争的情况下：

- "你原来是这么想的。"
- "看来大家的想法都不一样。"
- "也就是说你想要……"

✗ 对对方的观点避而不谈

- "我明白你意思了，但是……"
- "虽然话是这么说。"
- "但是……"

了说话者的对立面。

如果发表自己的看法时，能够先表现出对于对方的肯定，在此基础上再表达自己的看法，对方也会容易接受你的看法。

与其在是非问题上争得面红耳赤，不如温和地表达自己的想法，让以后的关系一路顺畅。

- 65 -

第二章

倾听 | 感受对方愤怒的实质

当一个人大发雷霆时，他的愤怒背后实际上蕴含着某种负面情绪。悲伤、悔恨、不安、困惑、寂寞……让我们举个例子来说明。

如果家里的男主人深夜未归且无法取得联系，女主人一定会非常生气。她可能会埋怨道："这么晚了既不回家也不告诉一声，真是太过分了。"但实际上怒气冲冲的背后，是害怕老公在外遭遇事故的不安。

在为人提供咨询的时候，察觉愤怒中蕴含的感情尤为重要。但这并不仅限于在为人提供咨询的场合中，即便是在平时的对话中，也是一种不可缺少的能力。

有人在发怒时并不知道自己愤怒的原因，有人虽然知道，但因为找不到情感发泄口，所以只得继续维持愤怒的状态。

所以，别人和你吐槽"我真没想到会有这种事"，你最好试着问一下"现在你是什么心情"。当对方向你说出"当然是很担心啦"，你就可以顺水推舟地说"嗯，这件事确实让人担心"。

第二章
倾听

◎接近对方，贴心安慰

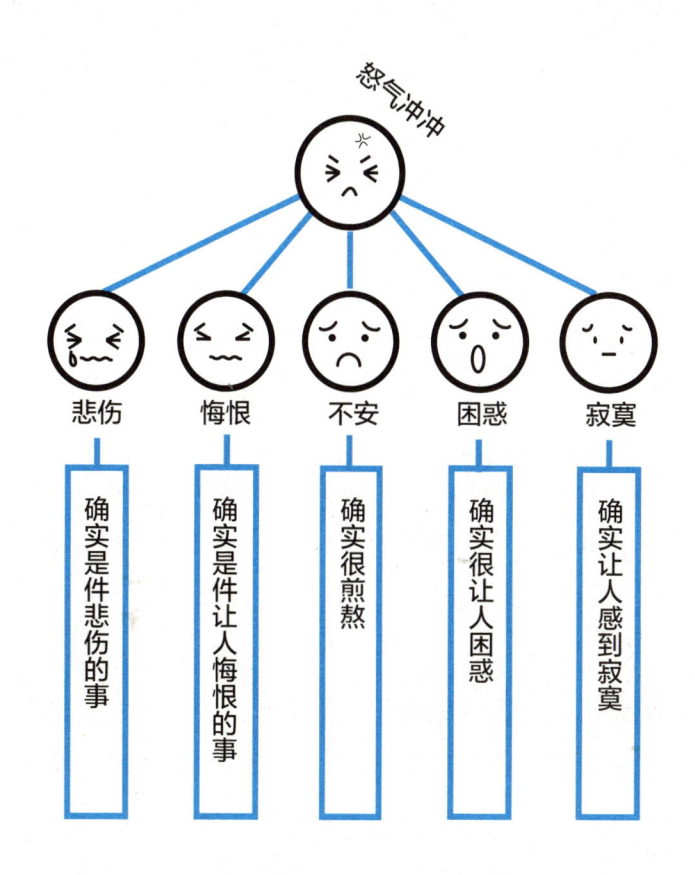

怒气冲冲

悲伤	悔恨	不安	困惑	寂寞
确实是件悲伤的事	确实是件让人悔恨的事	确实很煎熬	确实很让人困惑	确实让人感到寂寞

第二章 倾听

不能言语附和就用表情回应

- 虽然对话应该是两个人有来有往,但对方却像机关枪一样滔滔不绝,连言语附和的机会都不给你。
- 宣讲会或者听演讲时,身为普通听众没有机会言语附和。
- 许多人同坐一堂,谈天说地时,你个人的意见看法无足轻重。

在以上这些场景中,我们不仅没有机会发表自己的看法,连附和的方式都受到了限制。甚至会感到不安,因为我们做出各种各样的反应,但不知道对方是否会注意。

其实我们只需一些动作回应即可。可以为对方的诙谐幽默哈哈大笑,也可以为了对方所诉说的紧迫情形紧锁眉头,还可以为了一些惊奇的事情睁大双眼,甚至大喊一声"啊"。如果对方和你分享他的喜悦,你可以满脸笑容,为之鼓掌。总之,只要反应不是太过夸张,适宜的幅度都是可以的。

就我自己来说,每当我登台演讲时,目光最后总是落到

> 第二章
> 倾 听

那些表情丰富的听众身上，并且对他们印象深刻。看到那些面无表情的听众，则会顿时失去继续发言的兴致。

所以即使一言不发，我们仍然可以用表情影响别人。

第二章

倾 听　　千言万语，不如你一语

跟进好长时间的项目终于取得成功，在繁忙工作的间隙凭借努力通过了考试……当别人与你分享这些事情的时候，可能因为太过激动，导致一时语塞，没能说出自己为了达到目标所付出的努力，从而没能彻底释放自己的情感。

以下情况：

◉

"太不容易了，能挺过来太好了。"
"没放弃坚持到底了，能实现梦想我真替你高兴。"
用以上的语言帮对方释放喜悦吧。

我在经历了很多烦恼后决定离婚。当我告诉朋友离婚的消息时，对前因后果一清二楚的朋友鼓励我说："是吗，你最后还是这样决定了。应该思考了很长时间吧。看来这段时间你做了很多斗争。"她的语言完美地帮助我表达了内心的情感，至今仍让我印象深刻。

第二章
倾听

　　同时还有另一位女性的故事。她忐忑不安地告诉已经成年的儿子自己离婚的消息。儿子只说"真的吗，看来妈妈你真的很寂寞，坚持不了选择离婚也是个不错的选择。"听完儿子的话她如释重负，直接大哭了起来……整个过程都很自然，长久以来她不敢和儿子倾诉，内心中压抑已久的情感终于得到了释放。

　　人的情感未必包含在语言中。所以面对他人时，特别是在面对人生的重要选择时，一定要帮助对方释放无法言说的情感。这种激励一定会直击对方心灵的深处。

第二章 倾听 | 用礼貌的总结语来终结喋喋不休的对话

当我们漫无目的地闲聊时，容易陷入不知该如何结束对话的困境中。因此找准时机，终结没有灵魂的对话是门艺术。要礼貌地结束对话，可以说一句："今天讨论的……事情聊得很开心，今天就这样吧，以后有时间接着聊。"

即使这样对方仍然不想打住时：

"看来改天确实得好好聊聊这个话题。啊！我那边时间比较紧，先走一步了。"

"别人还有事情等我处理，咱们改日再聊吧。"

在行业交流会上，有人在和你交换名片时，对自己夸夸其谈

第二章 倾听

"能认识您真是太高兴了,以后咱们一定保持联系。"

Point

● 说这句话时附带一个收起名片的动作效果更佳。

遇到又臭又长的对话时,只要拿出这些早已准备好的谢绝语,对方就能迅速领会你的意图,停止喋喋不休。

b@#$%&……

真能说啊……

还在讲……

聊得真开心,今天告一段落吧

第二章

倾 听　　被搭话时会露出"真面目"

当人在毫无准备的情况下被搭话时，可能会脸色大变，也可能会一脸茫然。但无论何种表情，都在不经意间展现出一个人的真面目。试想一下，如果在外突然叫住一个人，那个人面无表情，那就说明他是个比较拘谨的人。

这种毫无掩饰的表情和动作带给人的印象，比我们想象得更加深刻。即使一个人时刻以笑脸待人，看起来像个温暖活泼的小太阳，但在被人搭话时却面露凶相，那么周围对他的印象也只会是城府颇深的"笑面虎"。

下面分享一个管理层的朋友跟我说的经验。

给部下安排工作时，有的人在被叫到名字后立刻放下手边的工作，微笑着回应"好的"，这样的人安排起来非常放心。有的人却一脸不耐烦做出一个"哈"的表情，给这样的人安排工作的时候总是心存疑虑。

用他的话说，安排任务时，实际上从回复那一刻起，工作就已经开始了。这一点服务业从业者可能深有体会，当客人发出请求后就要立刻笑脸相迎，开始提供服务。

第二章
倾 听

为了做好表情管理,一定要熟知自己无意识时表现出的表情是什么样子。时刻牢记被人叫住时要嘴角上扬。有客户、下属、晚辈的场合更要注意。

如果给人留下了良好的第一印象,人气也会直线飙升。

第二章

倾 听　　分清"事实"和"主观"

我们要格外注意以下几种情况中信息的真实性：谈论工作、接受汇报和感性的人的诉说。

40页也有讲到，喜欢在客观事实里夹带个人情感的人格外多。特别是感性占据主导时，可能连说话的人都不知道自己在说些什么。

"那个领导总是给我安排鸡毛蒜皮的任务，而且别人犯了错误他不去批评，只对我特别严格。他就是讨厌我，所以我才会受到这些不公平的待遇。"

"那个客人发火骂了我们，他总是有讲不完的道理。"

我们可以清晰地看出这里面夹杂了许多主观的想法。特别是出现"总是""绝对""肯定"这样的关键字，或者话中包含了"只有我……""大家都这么说"时，一定要擦亮眼睛。

为了区分事实和主观，要做到一边听一边在脑中整理事实项和主观项，必要时也可以做些笔记。

第二章 倾听

无法分辨事实还是主观时

"这个是真事吗，还是你的个人感觉？"
"对方真的这么说了吗？"
"'总是'是指无一例外吗，还是偶尔发生。"

在提问时要注意，用合适的语气和神态，不要过多追问以免显得咄咄逼人。做到这两步就可以归纳出大量信息。

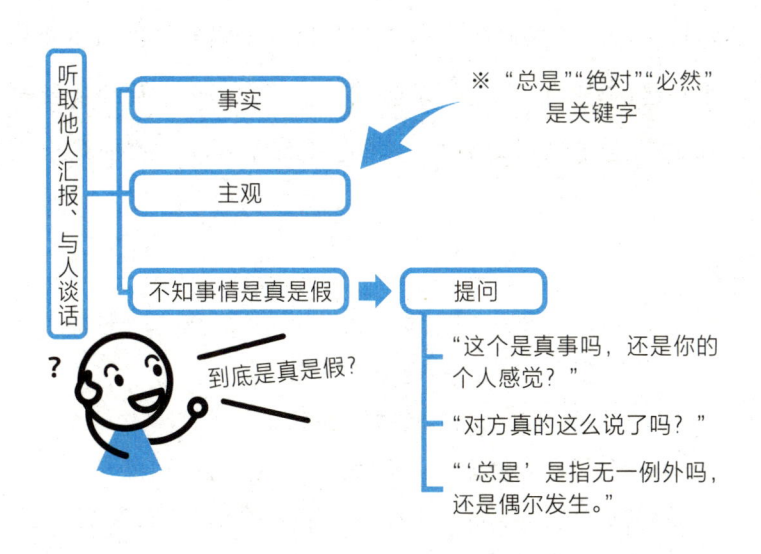

听取他人汇报、与人谈话
- 事实
- 主观
- 不知事情是真是假 → 提问

※ "总是""绝对""必然"是关键字

到底是真是假？

"这个是真事吗，还是你的个人感觉？"

"对方真的这么说了吗？"

"'总是'是指无一例外吗，还是偶尔发生。"

第二章

倾 听 | 女性的抱怨听听就好

当女性找到你提出希望和你说说话时，基本都不是来真心请教建议的，她们只是希望找个人倾诉一下，获得一些心理上的慰藉。有时你们聊了一个小时，你没说出任何具有实际意义的语言，只是在一直附和，对方却会对你十分感谢，感叹说出来真是舒服多了。

男性和女性之间的沟通之所以总是出现分歧，实际是因为男性交谈时，男性的关切心理总是过于强烈，进而驱使其给出自己的建议。但这正是造成分歧的元凶……因为女性要的往往不是建议而是共鸣，只要有人肯倾诉，她们就很满足了。

❌

认真地想解决问题，所以详细询问："这件事情你具体说说。"
想要给人指导："我觉得你应该这么做……"
试图安抚："这也没什么。别那么生气了。"
开始对自己的"光辉历史"夸夸其谈："我以前……"
反客为主："你这都不算什么，我以前遇到过比这个还棘手的。"

第二章 倾听

Point

● 人家原本是来找你倾诉的，结果却被你教育一通。

"真的吗？也太难了吧。""那可真是不好处理。"边倾听边共鸣。

无论如何一定牢记：女性的牢骚、吐槽，只是想找人发泄，并不需要你给出建议。

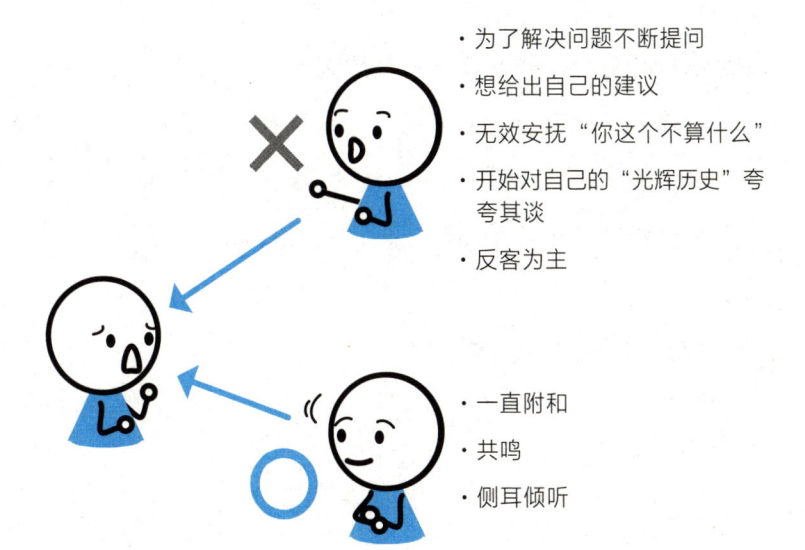

✕
- 为了解决问题不断提问
- 想给出自己的建议
- 无效安抚"你这个不算什么"
- 开始对自己的"光辉历史"夸夸其谈
- 反客为主

○
- 一直附和
- 共鸣
- 侧耳倾听

第二章

倾 听 | 别小看眼神交流

在企业研修活动中,每当我提问"你们觉得难缠的人一般都是什么态度呢",得票最高的总是"说话时目光避开我""一边做别的事情一边和我说话"。

当然,很多人会有此举动,是因为太过忙碌,或者彼此关系较好,忽略了这些细节。虽然这些举动是无意的,但如果是你自己受到这种对待,就会感到不适。

所以,说话时一定要目视对方的眼睛。仅此一项就可以让你和对方的关系急速靠近。交谈的时候,态度比话语更重要。

端正态度,对方对你的好感会大大加深。

正面看着对方,做适度的眼神交流。

语言交流过程中,要停下手的动作,同时伴以合适的语言询问,展现倾听的姿态。

即使眼神不在对方身上,身体也要面向对方。

第三章

提 问

让对方理解了你的问题,你就赢了

第三章 提问

表意不明的提问只会让人迷惑

有些人不知道自己要因何提问，究其原因，是他不懂得如何通过别人的话语获取信息和抓住要点。这样的人自然也不能通过自己的话语表达有用的信息。

所以，通过提问就可以看出一个人是否聪慧。

一个人的社会经验越丰富，他就越懂得通过提问的水平看出对方的整体素质。比如思考事情是否全面，是否细致，能否让听者准确领会提问的含义，通过对这些提问细节的观察，就能达到见微知著的效果。

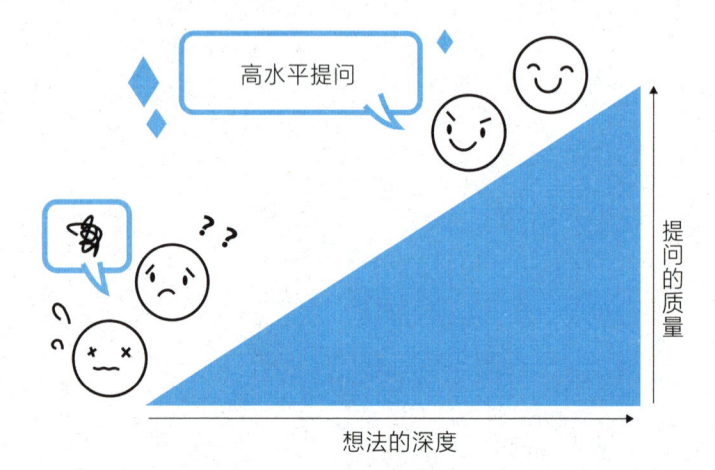

第三章 提问

关于提问的形式，首先要便于对方回答。为了做到这一点，首先要明确通过提问想获取什么信息。如果对方在毫无准备的情况下被提问，也依然能够给出一个有价值的回答，那么对方就会通过这次高水平的提问对你另眼相看。

需要确认对方想法和你的想法是否一致时

"也就是说您觉得……是最重要的，对吗？"
"您的话我是这么理解的，……（引用对方观点），是这样吗？"

当你对某事很有兴趣，想要进一步了解时

"你刚才说的时候我觉得我和你的想法不太一样，那么我到底该怎么做呢？"（工作中）

"你刚刚说的那个问题，我想好好了解一下，可以再问你一些问题吗？"
"有……成功的例子吗？"（个人生活场景中）
"我还没听够呢，你可以再接着往下说吗？"

第三章

提 问　举例引导回答方向

在对话中，我们的问题如果过于宽泛，就会让对方不知该从何回答。这时如果能给对方一个简单易懂的引子作为过渡，对于对方来说就会十分友好。以下的例子便可用来引导过于宽泛的问题。

"贵公司最近打算主推什么产品呢？"

这个问题显然过于宽泛，对方一时不知该从何答起。

"最近新款自行车在各渠道发售后取得了良好口碑，贵公司今后想要开发什么样的产品呢？"

像这样举一个例子引导，对方的回答便有了方向。

当提问过于抽象时，对方根本不知道问题的侧重点在哪里，自然也无法给出有参考价值的回答。但是如果我们能用一个例子作为引导，就能为对方的回答提供思路。

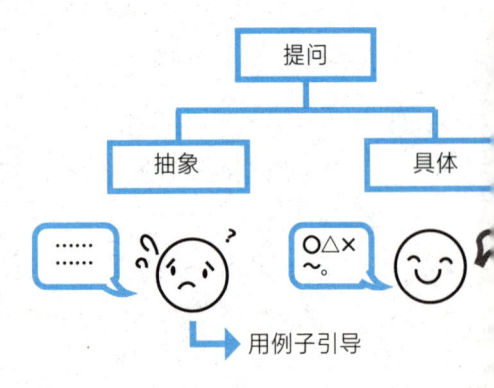

◎什么情况下该用例子引导

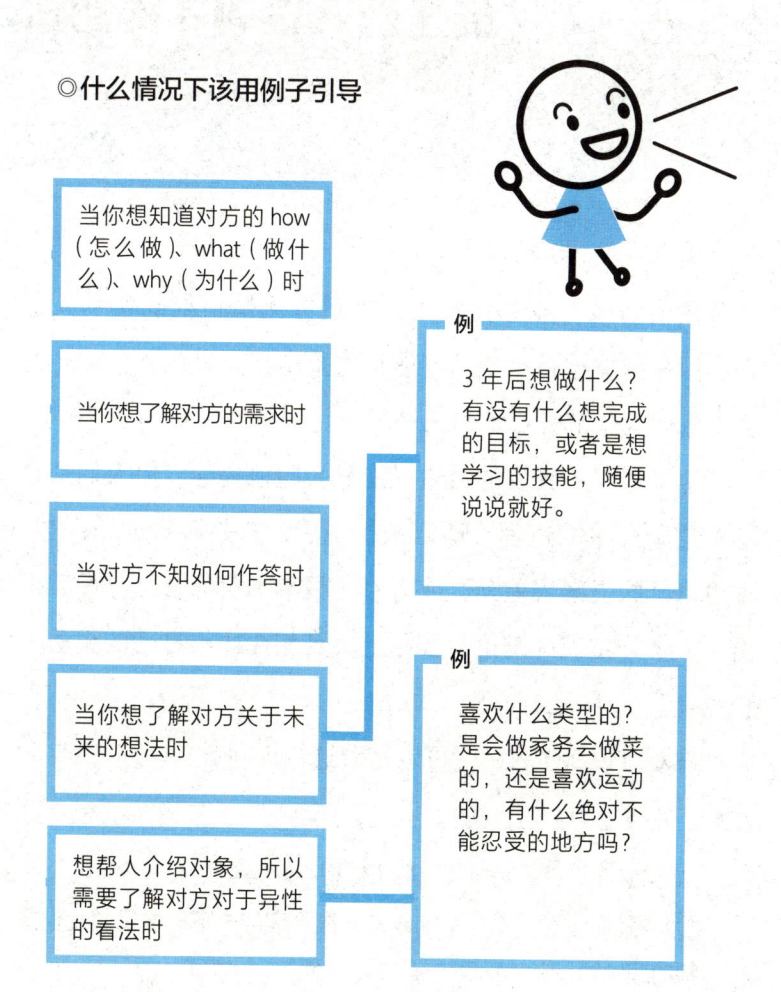

当你想知道对方的 how（怎么做）、what（做什么）、why（为什么）时

当你想了解对方的需求时

当对方不知如何作答时

当你想了解对方关于未来的想法时

想帮人介绍对象，所以需要了解对方对于异性的看法时

例

3 年后想做什么？有没有什么想完成的目标，或者是想学习的技能，随便说说就好。

例

喜欢什么类型的？是会做家务会做菜的，还是喜欢运动的，有什么绝对不能忍受的地方吗？

第三章 提问

抓住别人说 NO 的时机来提问

在谈话或者业务接洽中,被对方无情拒绝确实令人沮丧。但是越在这种时刻越不能被失落击倒,我们要做的,是要刨根问底了解自己被拒绝的原因。

想了解对方真实的情绪只能靠大胆地提问,但人们总是忽略这个简单的道理。所以被拒绝后,总是喜欢胡思乱想,觉得自己的提案很差劲,或者对方根本不信任自己,最后得出一个十分主观的结论。实际上,真相往往与自己的想法大相径庭。

被对方说 NO 之后,可以试着这样提问:

◉
"如果方便,我能问您我们哪里做得不好吗?"
"为了我们今后(工作)的改善,能否询问一下您没采用我们方案的理由吗?"

而且这样简单不做作的提问,甚至有可能引出对方的心里话。

第三章
提 问

"实际上我们也考虑了，但最后有家公司的方案价格很低，所以我们就选他们了。"

"实际上都怪你们公司那谁，错误太多了吧。我也劝你一句，让你们领导赶快把他换下去吧。"

"其实我是没问题的，但我们领导他自己已经有中意的公司了，我们也决定不做了。"

虽然回答五花八门，但是通过这些回答，我们可以从中清晰地了解到需要改善的地方、接下来应该做什么、以及对方的真心话。

还有一点不能忘记，就是我们在询问对方时一定要表现得友善、虚心，让对方觉得"能和他说两句也挺好"。

对于 NO，不害怕、不恐惧、别犹豫。毫不气馁地在提问中提升自己吧！

不要止步不前，细细追问自己的不足

第三章 提问

出现不一样的声音时，抓住机会来提问

如果对方的意见让你大跌眼镜，你会怎么处理？你会不会觉得你们是两个世界的人，然后决定以后要拉开距离呢？其实这样真的没有必要，因为超出你的认知范畴的声音，有时可以帮助你拓宽视野。

如果有人提出了完全不符合你的认识的意见

"您能再具体讲一下吗？"
"您为什么会这样想呢？"
"方便了解一下您这样想（这样考虑）的原因吗？"

Point
- 提问时要语气舒缓。
- 要带着真心发问的感觉提问。

第三章
提 问

让我们来看看下面的声音：

"已婚的女人就该在家里好好待着！"

"出去找工作也不一定非要当正式员工啊！"

"在打卡时间之前到达公司没什么意义！"

这些声音表达的想法可能与我们的价值观完全不同，或者无意中否定了我们的价值观。正是在这些时刻，当我们觉得对方表达的想法与自己所认知的生活常理相异时，要抓住机会，拓宽眼界。

听完对方想法后的反应

"好的，我懂您了。"

"听您说完，我思路一下子就打开了。"

"我觉得自己以前的想法太单一了。"

"我和您不太一样，我是这么想的，要说为什么……"

Point

- 不否定对方观点。
- 如果对方好说话，可以把自己的想法说出来。

所谓交流，就是在一次次的对话中了解对方与自己的不同之处，然后耐心地接受这些不同。当有人和你说工作未必需要全职时，仔细询问一下，就能了解他有这种想法的原因。比如现在铁饭碗的概念已经不再流行；从现在的时代特点来看，与其纠结自己是正式员工还是合同工，不如先在能锻炼人的岗位上工作一段时间；现在是个自由职业者也能大展宏图的时代等等。了解这些之后，才能加深对彼此的了解，接受彼此观点中的不同。

即使对方的解释并没有引起你的共鸣，但是至少可以通过这个过程了解他的想法，拉近彼此间的距离。

在这个时代，与其抱着抗拒的心态，远离与自己不同的人，不如细细询问，在"不同"中拓宽自己的眼界。

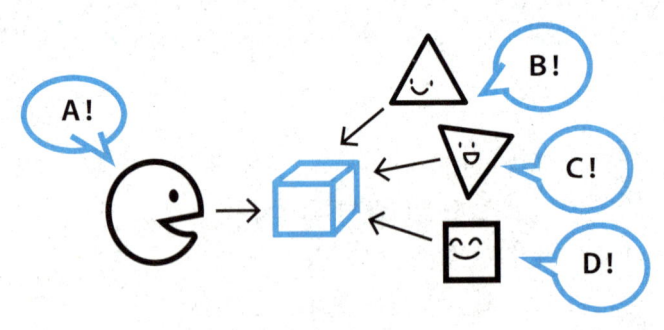

"和我的想法完全不同！"

"这是个拓宽视野的大好时机！赶快提问！"

第三章 提问

问一句"你呢?"就能让对方接棒

在谈话中人们难免会一时兴起,然后滔滔不绝地讲个不停,等到长篇大论结束时听的人已是满眼疲惫。这时应该及时刹车,然后果断交棒。试着问一句:"你遇到这样的事情会怎么办?"

当你在对话中一直地说着自己的烦心事,那么就该注意分寸,时候到了就应该及时交棒:"你遇到过这样的事吗?"当你一直在说自己的假期如何如何时,也要给对方机会:"你放假的时候都做什么了?"

"一直都是我在说,真是不好意思。你遇到过这样的事情吗?"
"你能听我说,我真是太高兴了,不过,我是不是说得太多了……"

Point

● 交棒的时候直白地表达也可。

牢记,你和对方在谈话中的份额应该是相同的。

第三章 提问

"别再犯错!" 带着质疑的提问,引人生厌

❌

"到时交货千万别晚了!"
"往后你可别涨价啊!"
"一定要给我好好做啊!"
"一会你可别说自己做不了!"

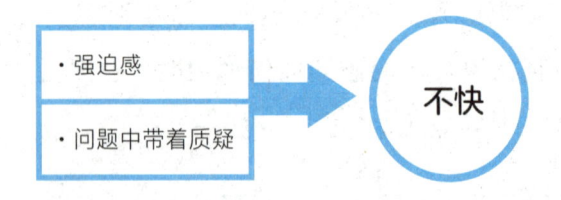

- 强迫感
- 问题中带着质疑

→ 不快

带着质疑的提问,让人心生不悦。

我们之所以使用这种提问方式,可能因为对方的错误已有先例,且屡教不改,所以在嘱咐时总是忍不住反复强调。但是所有人都希望被人信任。所以即使想要再啰嗦几句,也请把"别再犯错"改为"好好做"。

> 第三章
> 提 问

✕ "别再犯错！"

〇 "好好做。"

当你需要叮嘱对方，又不想惹对方不快时

"为了正常交货，拜托您一定要在指定日期前完成。"

"请一定确认这是最终交易金额。"

Point

● 拜托时一定要体现出这件事的重要性。

第三章 提 问 | 在促膝长谈前，首先要感受对方的情感

当有人找你准备促膝长谈，讨论人生大事时，该如何应对呢？首先无论对方是何种情绪，你都应该深吸一口气，镇静应对。

◉

"发生什么事了？"
"怎么了，如果方便可以给我讲讲。"

"我想从现在的公司辞职。"
"我和比我小20岁的人发生了不伦之恋，现在准备离婚。"
如此，对方的话题终于被人接住。

◉

"是这么回事啊。"
"为什么，发生什么了吗？"
"那确实不好办。"
"还有这种事！真的假的啊？"

如果恰好有闲暇时光，可以坐下来听对方细细道来。

第三章
提 问

当朋友向你抱怨现在的工作不适合自己时

◉ "你真的觉得自己现在的工作不合适吗?为什么啊?我想听听。"

△ 鼓励他:"没这回事啦!"

✗ "不管谁在一开始时肯定都是不适应的。"

Point

● 不要满口说教。
● 在别人陷入低谷时,说教只会更伤人心。

朋友有难时,大部分人都会选择伸出援手,而不是袖手旁观,这是人之常情。但归根结底,有些事情是别人的人生选择,和你无关。所以在这种情况下,还是做一个安静的聆听者,把大道理都留给自己消化吧。

严肃

促膝长谈前先深呼吸,冷静一下。

· "发生什么事了?"
· "怎么了,如果方便可以给我讲讲。"

第三章 提问

让不爱说话的人做"选择题"

在你身边,一定有沉默寡言、从不主动和人开口说话的人。和这种不爱说话的人初次见面,永远都不知道如何才能打开话题,场面总是异常尴尬。为了能和这种类型的人交流,我们就要简化自己的问题,让宽泛的话题变成简单的"是"与"不是"。

如何提一个让对方容易回答的问题

"现在工作忙吗?"

"你的领带挺好看,看样子你喜欢红色。"

"你是不是常去那边啊?"

Point

● 每一个"是不是"都可能成为打开话题的突破口。

当空泛的话题变得可以用"是"或者"不是"简单回答时,话题就可以借由这些简单的是非问题展开。

第三章
提 问

想要展开话题时

"您是做什么工作的?"
"是什么时候开始的呢?"
"你知道这附近有什么好吃的吗?"

Point

● 5W1H 式的提问非常 OK。

当你要做最终确认或者催促对方做决断时

"XX 可以吗?"
"按这样的流程推进行吗?"

当对方所言太过模糊时

"如果您希望尽快完成,那么本周五晚上 5 点前完成可以吗?"

Point

● 对于模糊的语言,要以具体的内容进行引导。

第三章 提问

紧扣重点的提问塑造"老谋深算"形象

对方如果闪烁其词，不肯点透话题说明自己内心想法，我们就必须采取一些手段来一语道破。比如单刀直入地问："所以你是想说……"

打个比方，当你给下属安排了难办的任务，下属听完安排后面露难色。这时就不要犹豫，直截了当地问："是不是觉得这个任务太麻烦了？"然后再接一句："你有什么想法可以和我沟通，咱们都在一起工作，必须得互相沟通。"如此，便可以引出下属对此任务的看法，极大加强你们之间的沟通。

在一些重要的场合，总有人会显得局促不安，如坐针毡。这时直接给对方扔个包袱，用"您是想快点结束吧"之类的语言巧妙地化解尴尬。这个技巧还有一个效果，就是让人觉得你洞察力强，不是泛泛之辈。特别是对于以下这几类人效果更佳。

第三章 提问

- 口无遮拦的人
- 喜欢拐弯抹角的人
- 打碎了牙往肚子里咽的人
- 不想暴露自己内心想法的人

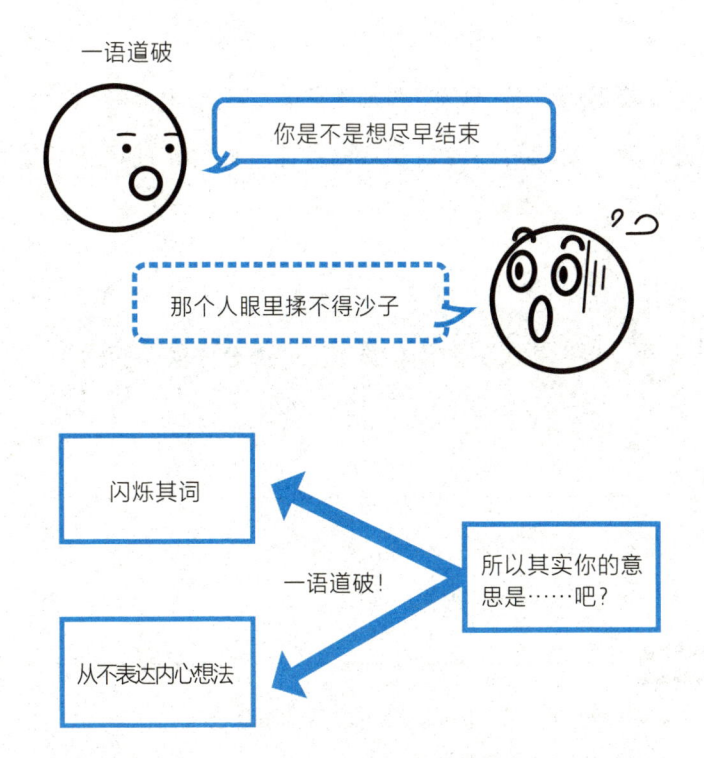

一语道破

你是不是想尽早结束

那个人眼里揉不得沙子

闪烁其词

一语道破！

所以其实你的意思是……吧？

从不表达内心想法

第三章 提问

对沉迷过去的人，要问一些展望未来的话

"我那时候啊……"总有人喜欢沉醉在过去的岁月中，和这种人的沟通是非常棘手的。因为这些执念过去的人，喜欢假设，喜欢说"那时候我要是那样就好了……"，喜欢把自己没获得成功的原因归咎到某些客观因素上。所以对付他们最好的办法就是问他们今后的打算，把对话的视角从过去转向未来。

对喜欢发表消极言论的人决不能说的话

❌

"生活总是要继续啊！"
"你有没有想过为什么会这样？"

Point

● 引发对方反感，直接忽略你之后的发言。
● 追问原因使人更加痛苦。

第三章 提问

和这种人交流时，可以尝试一下这些技巧，即使谈话中途也可以使用。

对消极的人十分有效的短语

"那么你当时是想怎么样呢？"
"你所说的理想状态是什么样的呢？"

Point

- 让对方的目光转向未来。
- 让对方的目光更为积极。

对于沉醉过去的人，提问一些面向未来的问题，这样对方就不得不把视角也转向未来。一味追问"WHY"只能让对方对于过去更加痛心疾首，你们的对话也会因此陷入僵局。但是换种说法，把"为什么"换成"怎么做才好"。对话就会变得积极向上，转而以解决策略为主题了。

对于执念过去和消极的人，一定要牢记让他们展望未来。

第三章 提问

对满口抱怨的人，回击"你能干什么？"

"别人都不帮忙，你让我还怎么继续？"

"领导也不夸夸我，真没劲。"

"也没人给我做个示范，我都不知道怎么努力。"

如果我们被类似这样的抱怨所影响，只会平添烦躁情绪。所以这时我们应该果断回敬："你又能做什么呢？"

回敬一句"XX小姐（或先生），所以你是想怎样呢"，意在让这位满口抱怨的人意识到自己一味责怪别人而忽视了自己的责任。特别要注意主语变成"你"，一下子就让对方把焦点转回到自己身上。

即使四处抱怨也不能解决问题，只会让个人厌烦、让团队焦躁。实质上，抱怨就是一种自我保护的手段，通过一味的把责任推到别人身上，把自己塑造成迫不得已而为之的受害者。

对方满口抱怨时

> 第三章
> 提 问

❌

"真的吗，那真的太难了。"

"我知道了，知道了！"

⭕

"那么，你能做些什么？"

"你想怎么样？"

"你想过你能做些什么吗？"

Point

● 用"你"来作主语，让对方从自身找原因

自己责备 ↑
- "你想怎么样？"
- "你想过你能做些什么吗？"

他人责备 ↓
- "别人都不帮忙叫我怎么做下去？"
- "领导也不夸夸我，真没劲。"
- 无法解决问题，不过是一种自我防卫

第三章 提问

如果电话中一直记不住对方的名字该怎么办

和不认识的人打电话时，可能会因为电话声音不清晰，或者对方说话的速度太快，而听不清对方的名字。一次失误尚可重新询问。如果多次反复后仍未听清，可能就再难启齿了。因为是电话交流，看不到彼此的脸，尴尬程度不高。所以，相信这时大部分人都会选择放弃继续询问，硬着头皮打完电话。

但是如果不知道对方的名字，在接下来的对话中，每每涉及对方名字，便如雷区一般，令人胆战心惊。而且不熟悉对方名字还有可能造成工作失误。

细细想来，还是长痛不如短痛，勇敢地问清对方的名字吧。

"实在抱歉，我刚才没听清。因为没听清您的名字可能给后续工作带来麻烦，所以方便再说一次您的名字吗？"

"实在太抱歉了，能再请教一下您的名字吗？我担心没听清，或者不正确。"

Point

- 对于没听清这件事要郑重道歉。
- 带着道歉语气询问。

第三章 提问

听清但是不确定时

"不好意思，我再确认一下，您的名字是 XX 吗？"

身处嘈杂环境听不清语音时

"实在抱歉，我这边太吵了，听不太清您说话，如果方便您能再重复一次吗？"

等到对方重复完自己的名字后，一定要郑重道谢。

"不好意思，我再确认一下，您的名字是 XX 吗？"

第三章 提问

提问的时候要抛砖引玉

懂得语言艺术的人，善于在提问中给出大体方向，引导对方回答。比如提问时举出一个简单易懂的例子，让对方借此回想起生活中细微的体验。这一点在工作中尤为有效。通过简单的小例子，你就可以让客户的思想由整体转向局部，进而引出他在细节方面的需求。

比如你和人事部就研修提出意见时，你可以举出一些具体的例子，让对方的思路有大致方向。

"您对下属有什么特别的嘱咐吗？比如说了多少次都改不了的毛病，或者只等着别人告诉做什么之类的……"

如此便可以引出对方的"看来……"

"看来营业部和总务部一样都有这些问题呀！特别是现在毕业生好像普遍有这些毛病，30岁的中层们辛苦咯……"

在提问中举出需要注意的细节，听的人也会自觉地顺着提问者的思路思考，使得人们更容易提出具体的建议。

第三章 提问

步骤1　首先传达要说什么

"沟通（给下属传授经验）中会遇到什么样的问题呢？"

↓

步骤2　开始举出具体例子

"怎样才能用合理的方式训斥下属而又不显得官威太重""面对年龄价值观都不同的下属该如何交流"之类的，有没有类似的烦恼呢？

↓

步骤3　引出对方的发言后，提出自己的建议

"我说的研修可以解决这些问题。"

第三章 提问

事情难办，加一句"如果方便"

当我们要请求别人做一些麻烦事，或者要打听私人问题时，要在前面加上一句"如果方便"。有了这个前缀，对方可以根据自身情况选择是否应答，不会有被强迫的情绪。

❌

"大致预算是多少呢？"
"我有话就直说了，请告诉我亏损的直接原因吧。"

⭕

"如果方便，能透露一下大致预算是多少吗？"
"如果可以，能否告诉我是哪一方面的原因导致了亏损吗？"

Point

- 让对方答得容易。
- 对方可以自行决定回答的程度。

第四章

应 答

🚩

讨喜地表达自己，你就赢了

第四章

应 答 | 不要理会"俯视"行为

"我最近工作真是太忙了。咦?你最近好像都挺闲的。"

"我在公司里谈的生意都是以亿为单位的,说起来压力也挺大,真羡慕你这样没有压力的人。"

当一个人想在谈话中把自己居于高位的时候,他就会在言语中轻视、压低对方。这就是所谓的"俯视"行为。

喜欢"俯视"行为的人,实际上觉得自己事事不如别人,总而言之就是缺乏自信。因此当我们被人"俯视"时,最好不要和对方正面交锋。

"俯视"行为的目的是在谈话中让自己占据上方以获得心理满足,一切谈话都围绕这一目的展开,发言内容本身通常并没有实际意义。因此遇到这种情况时,无需将对方的话放在心上,只要淡定地回应一下就可以了。

当对方在工作中夸夸其谈时

第四章 应答

◎

"是吗，那我以后得多跟你学点东西。"

生活方面自吹自擂时

◎

"哇！你这种生活方式太好了。"

"你真厉害。"

你无论如何都不想搭理他的时候

◎

"哦这样啊……"

"是吗，说起来……（转移话题）"

Point

- 面无表情，毫无兴趣。
- 转移话题。

✗

"切"一声，表示轻蔑。

Point

- 在乎了，你就正中对方下怀。
- 不要表现出介意对方的样子（有的"俯视"者专以招人厌烦为乐）。

第四章 应答 | 云淡风轻间忽略他人的嫉妒

嫉妒这种情感只会投射和自己在同一水平的人身上。对于自己遥不可及的人是不会产生嫉妒心理的。

如果说"俯视"行为的目的是让自己占据上方，那么嫉妒则完全不同。所谓嫉妒，就是有些东西自己想要却得不到，于是这种羡慕的情感就被发泄到了别人身上。

"你最近还挺忙的，忙点好啊。"

"大家好像都挺喜欢你的。"

当我们遭人嫉妒时，最好的办法就是避其锋芒。比如上面的嫉妒性语言，我们大可不必放在心上、只要抱怨两句自己的困境，若无其事地回应一下就可以。

"你最近还挺忙的，忙点好啊。""忙是好，但也累啊。"

嫉妒者的感情因回应者态度的不同而不同，切记不要想和嫉妒的人一较高下。

❌
开始自夸"确实有点太顺了，其实本来时间是不够的。"
给出"善意"建议："你也应该好好提升一下业务能力啊。"

第四章 应答

虚假地自谦"彼此彼此，算不上什么的……"

◎

"其实也不像看着那么顺利。"
"我看你的朋友圈每天也过的不错啊。"

Point

- 告诉对方自己没那么好。
- 提醒对方他们没那么差。

被同事嫉妒时

"你这么漂亮，干什么工作都很顺。"

◎

"谢谢你夸我漂亮。"
"是吗，我觉得你看起来也不错。"

第四章 应答

大度地回应来自女性的嫉妒心

有的人嫉妒,却是咬牙切齿,抓住每个机会阴阳怪气,丝毫不掩饰自己的敌意。面对这种人,还是大度地回应两句,然后迅速结束话题为好。

举个例子,假如有一个既要做家务又要带孩子的女性打电话联系家政服务,而这一切又恰好被一个单身女性听到,单身女性立刻挖苦道:"啊?你都家庭主妇了还不做家务吗?"这时被挖苦的女性该如何回应呢?

✗

"我已经很累了!"
"你试试一边做家务一边带孩子?"

Point
- 和对方针锋相对会结下梁子。

○

"对啊,我不太会安排时间,所以全甩给家政了。"

Point
- 开朗大方地解释。

第四章 应 答

"我这人粗枝大叶,每次收拾都丢三落四的,实在是不擅长打扫卫生。"

Point

● 多说几句也无妨。

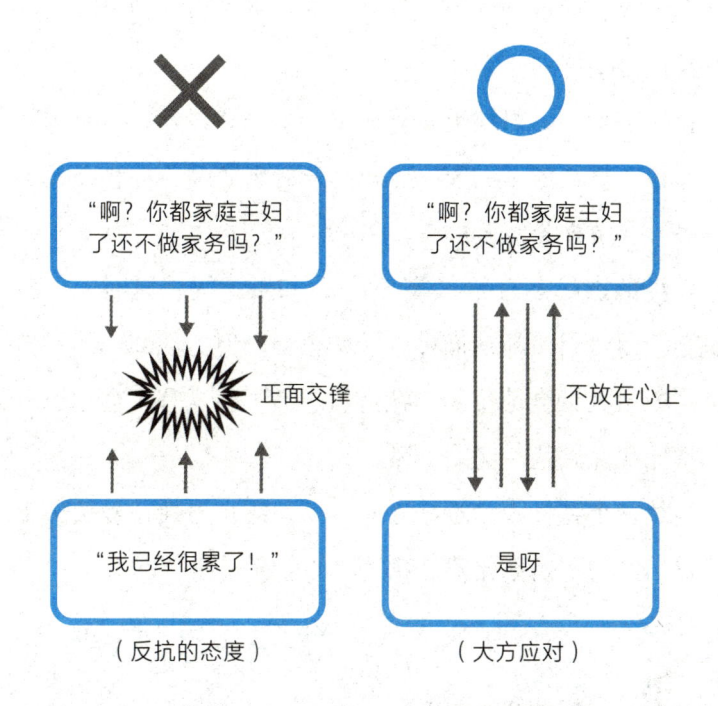

×

"啊?你都家庭主妇了还不做家务吗?"

↓↓↓

正面交锋

↑↑↑

"我已经很累了!"

(反抗的态度)

○

"啊?你都家庭主妇了还不做家务吗?"

↑↓↑

不放在心上

是呀

(大方应对)

第四章 应答 | 嫉妒也是男人的天性，学会合理奉承

上一篇我们说了女性的嫉妒，这篇来说男性，男性的嫉妒有几点需要特别注意。

相比于女性，男性更看重面子、名誉和地位。对于威胁自己地位、想法对立的人，男性总是时刻警惕，有机会就加以打击，甚至会除之而后快。

女性的嫉妒不过是"看不上"，如果无视一段时间，对方也会觉得自讨没趣从而停止嫉妒言行。但男性却不同，男性会把威胁其社会地位的人视为假想敌，甚至有人会觉得下属如果比我优秀就一定要干掉。

当然这个特性不是近来才有，而是源自男性在漫长历史中演化出的"不是你死就是我活"的生存习性。

遭到男性嫉妒时

第四章 应答

"你真是我的榜样呀！"
"我特喜欢看你工作，因为能学到很多。"

对于一直在各方面照顾你的贵人，更要时刻把尊敬之情挂在嘴边，记在心间。对身边的人也要一直强调你平时得到贵人多少照顾，你能有今天全靠贵人一手栽培扶持。这样日积月累，话总能传到贵人的耳中，他会知道你的心意，不会对你再做猜忌。

对于男性，一定要把他捧上云端。

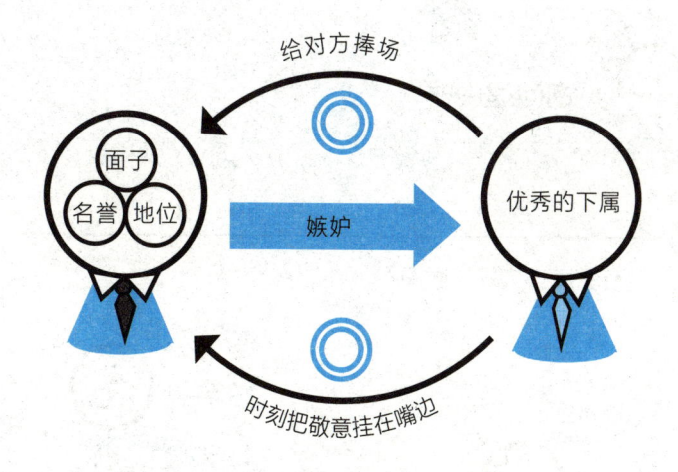

第四章 应答

别把简单的提问变为"审问"

当疑问涌上心头，人们就会问"为什么"或"是何原因"。发问很正常，但如何发问就是一门学问了。很多时候，不恰当的发问方式会使人产生压迫感。如果你口无遮拦地连续问三次"为什么会这样"，被问者恐怕已经急火攻心，无法心平气和地说话了。

询问理由时

❌ "为什么不遵守规定时间？"

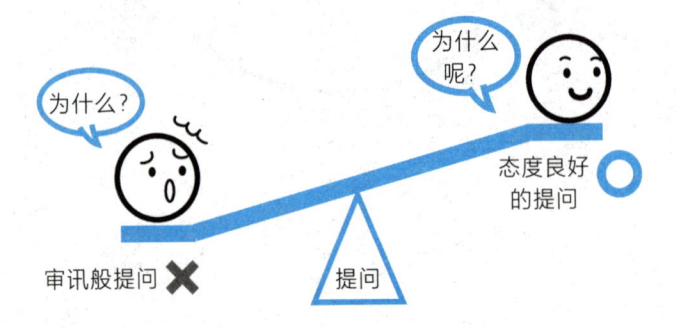

为什么？ 审讯般提问 ❌

为什么呢？ 态度良好的提问 ⭕

提问

第四章 应答

🔵 "你好像到现在都不能守时,我能问一下为什么吗?"

想传达重要期望时

❌ "为什么没按我说的做?"

🔵 "我希望今后你能严格遵守规定的时间,并且要在规定时间前3天报告进展。万一出现无法履约的情况,一定要提前告知我方。"

想寻求解决方法时

❌ "为什么总是犯同样的错误呢?"

🔵 "为了避免不再重复错误,我们思考一下可以采取些什么措施吧。"

感到没有得到公正的评价时

❌ "你凭什么这么说我?我平时做的工作你都知道吗?你这领导当的太不够格了吧。"

🔵 "我想问您这样说我的原因。"

第四章 应答

面对眼泪不要心软，冷静回击

人在受到责备时如果认为自己不该被如此对待，会通过眼泪来表达自己的委屈。假如我们正在批评别人，别人却突然哭了，这时千万不要去安慰，也不要转变自己的态度。如果此时心软，对方会认为哭是一块"免罪金牌"，会依然犯错。

但话虽如此，如果粗暴地说"别哭啦！"只会招来更大的哭声。还是一句"现在哭也解决不了什么问题"为上上策，无论对方如何哭闹，我们自己都要保持镇静。即使是勉励的话，也要面无表情地说出来。如此，对方就会减少在我们面前掉眼泪的次数了。

对方哭了

❌ 怒吼道"你哭什么哭啊？"

第四章 应 答

"好了好了，我不该怪你，别哭了，求你了……"
大喊"别哭了！"
"没……没……没事儿吧……"

"你哭吧，等你哭完，哭完了告诉我。"
"既然这样，我们也没必要说下去了，你先回去吧。"
"哭解决不了任何问题。"
"我现在说的事情很重要，我希望你能别哭，好好听我说。"

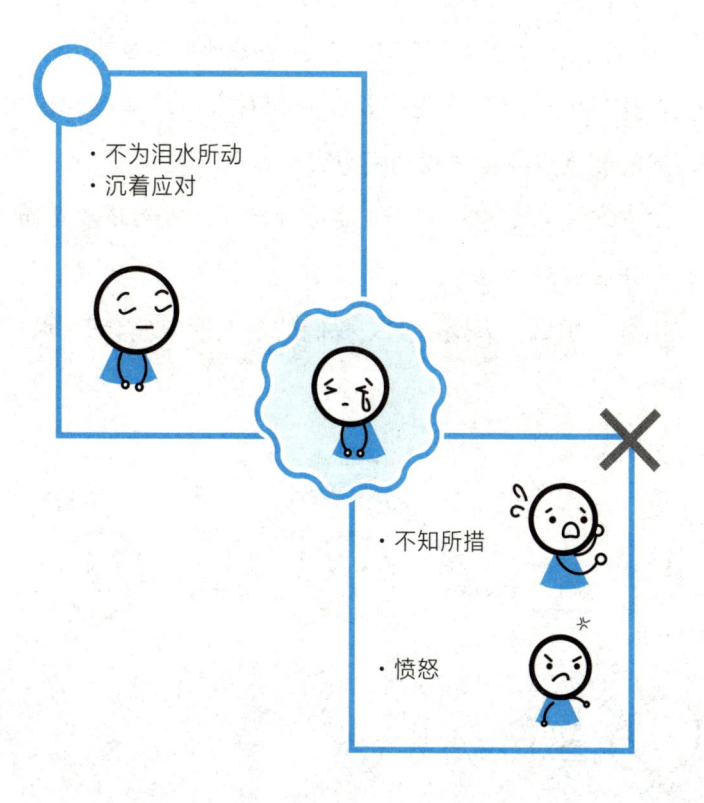

- 不为泪水所动
- 沉着应对

- 不知所措

- 愤怒

第四章 应答

杜绝一决胜负的念头，避免把对话变成唇枪舌剑

人生在世，总有怒火冲上心头的时候。

"你这提案根本没有价值，回去掂量一下自己吧！"这样的话一旦说出口，会给自己与对方的关系造成不可修复的伤痕。

在这样的情况下，我们要放弃和对方一决雌雄的想法，把表述的侧重点放在"我到底想表达什么"上。

重点就是不要意气用事，要冷静对话。然后还要正面回应对方抨击我们的地方。

不意气用事，靠这一点，我们的个人形象就会获得极大提升。

挑衅 → 不理会 → 个人形象提升

当对方说气话时

第四章 应答

"本次提案无论从预算方面来看,还是从实际开展方面来看,都极具价值。我在制定方案时参考了之前的经验,还加入了自己的想法,请您务必考虑。"

对方依然心火难消时

如果对方是同事或熟人:

"不要再想之前那些不愉快的事情了,展望一下未来吧。"

对方的级别或年龄比较大:

"本次的提案吸取了之前的经验,请您无论如何都要同意。"

招致对方反击时

"如果你有什么意见都可以说出来,我一定认真听。所以请你平复一下心情。"

Point

● 绝对不要发脾气!

> 一流沟通术：
> 教你好好说话

在你谨慎发言的情况下对方依然狡辩

◎ "我觉得你有话要说，请放心地说吧，我在听。但是我刚才提出的事情希望你能好好考虑一下。"

在你谨慎发言后对方口出不敬

✗ "一般来说，这是常识。"

◎ "原来如此！我以前一直是这么认为的，那么我以后会按照团队的工作方法开展工作。"

在对话中如果直接否认对方，会招致反击，让对话无法顺利开展。所以不如暂且放低姿态，再将自己关心的内容传达给对方。

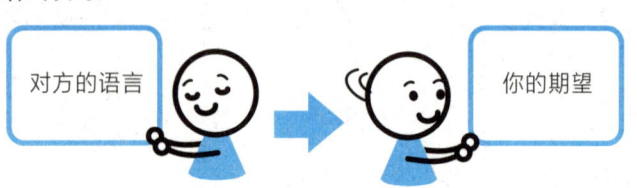

对方的语言 → 你的期望

暂时在语言上接受对方的观点

第四章 应答

面对突入而来的怒吼不要怕，一句话打开尴尬局面

"你到底想怎样？到底打算做什么？"

如果突然被人如此训斥，你会作何反应？

首先排除的就是立即回应一句"不是这样的！""但是""因为"这样带有狡辩性质的语言，往往会刺激到对方本就紧绷的神经。

那什么也不说呢？一言不发呆立一旁只会让对方变得更加狂躁，这明显也不是个好办法。

我在20多岁的时候，也有过烟灰缸迎面飞来，怒吼声直穿大脑的恐怖回忆。我当时还会自我安慰道："他至少还愿意批评我。"但是更多的女性在面对老男人们的大声呵斥时直接吓得不敢动弹。

这种情况下，只需寥寥数语便能化解僵局。

"实在抱歉，我下次会注意的。"

只要心平气和地说完这句话，就能让气氛恢复平静。

一流沟通术：
教你好好说话

突然被人呵斥的时候

❌

不断抽泣使对方愤怒升级。

正面冲突，使矛盾升级。

不断解释，对方会因你的狡辩而找到新的批评点。

一言不发，对方会因你心不在焉而变得更愤怒。

⭕

（不要迟疑）"实在抱歉，我下次会注意的。"

（结束对话后）若无其事地"我走了，拜拜。"

（几天之后）"关于前几天的事情我想再和您解释一下。其实当时我必须去接待一批客户，所以向您简单解释了几句就离开了。下次如有相同情况我会更加详细地向您报告，最大程度避免误解。"

Point

- 等空气中的火药味消散，就可以说当时不敢说的事情了。

⭕

在双方都冷静一会儿后，说"刚才的事，你突然怒不可遏，吓了我一跳。到底是怎么了？"

Point

- 不要以牙还牙针锋相对。

- 如果当场就想回敬什么，做深呼吸平复心境后再说。

> 第四章
> 应 答

当对方生气时，我们是否在场与对方的心情关系不大，所以趁早撤退为妙。如果暂时无法离开必须承受怒火，就在挨骂时想想别的事情来转移注意力，最后说一句"实在抱歉，我下次会注意的"，然后溜之大吉。

不是所有人都能承受一通劈头盖脸的批评，这是世间常态。当你不幸遇到了喜欢发火的领导，不如大方地把你的"挨骂经验"分享给同事，缓解群体间弥漫的紧张情绪。

但是如果身边一向温和沉稳的人突然发火了，那么说明真的有事情不尽人意。这时就应该对我们自己的所作所为进行反思了。

突然被骂，简单认错然后迅速撤退

第四章 应答

纠正别人别太直接，换种说法更友善

当我们的谈话对象误解或弄错了某些事情的时候，我们不能直接指出对方的错误。试想一下，如果毫不留情地当面戳穿，对方一定面子受损，羞愧难当，场面就会非常尴尬。

这时不需要特意纠正对方，在之后的对话中将正确的信息表达出来即可。

如果你面对的是顾客，还应该加一句"都怪我没跟您解释清楚，实在抱歉"。摆出自我反省的姿态，把尴尬的矛头从对方身上转移。

对方搞错某事时

❌
"你搞错了。"
"你理解错了。"

⭕
"本次的项目，其实不只是森田和竹内两个人的事，应该是我们整个团队一起合作的。"

> 第四章
> 应 答

"不好意思，我有件事情想说。这次的失误责任并不在我身上，请您再确认一下。"

Point

● 仅传达出正确信息即可。

领导的指示与之前的有出入

❌

"和您之前说的不一样。"

⭕

"领导，我想确认一下。这件事情您之前说是那样做的，这次这样做可以吗？"

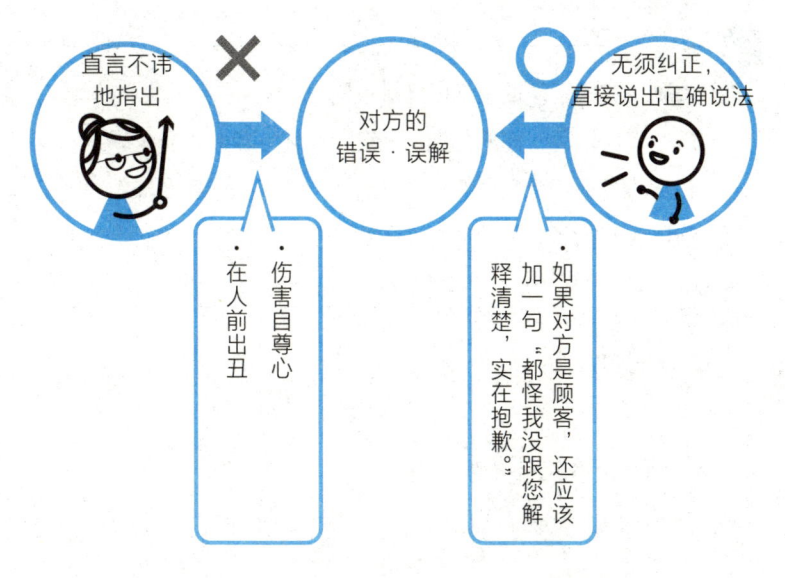

直言不讳地指出 ❌ → 对方的错误·误解 ← ⭕ 无须纠正，直接说出正确说法

- 伤害自尊心
- 在人前出丑

- 如果对方是顾客，还应该加一句："都怪我没跟您解释清楚，实在抱歉。"

第四章 应答

被问及敏感话题？别怕，用"提问"对抗"提问"

"一年收入是多少啊？"

"为什么离婚啊？"

如果被人问到这些敏感话题，建议用以下的话语应对。

> 被问及敏感话题时

"我确实跳槽了，话说你以前跳过吗？"

"哦，年收入啊，你怎么突然问这个？你一年收入多少啊？"

"孩子的事啊，其实也没什么。对了，你家孩子怎么样？"

"我确实离婚了，你猜猜为什么？"

Point

● 转守为攻。

对方已经事先准备好答案

> 第四章
> 应 答

"我和你一样。"

"咱们差不多。"

此时，顺手推舟轻松应对即可。

被问及不堪回首的过去时

"不要总是盯着过去看啦。"

"我觉得活在当下比较好。"

如果你的回答像这样以矛为盾，对方一般就识趣，不会再过多追问了。

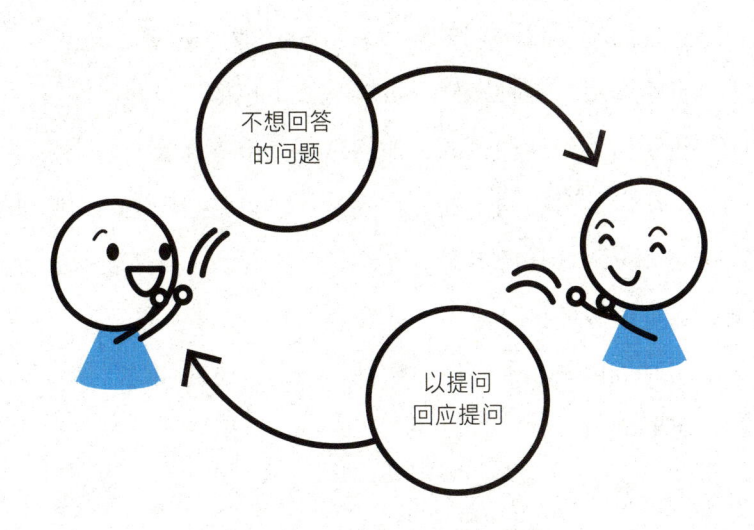

不想回答的问题

以提问回应提问

第四章 应答

别人可以自嘲，你不能跟着嘲笑

"我啊，就是个浓妆艳抹的老太婆。"

"头也秃了，人也走向黄昏了。"

面对这样不知如何应答的自嘲段子，是否有固定的应对方式呢？

这种情况下如果默不作声，对方会认为你是默认他的自嘲，场面便会陷入尴尬。但如果小题大做，认真对应，又会让对方觉得此人小题大做，不解风情。

正确的应对方式应该是，以轻松的口吻否定对方的自嘲。

自嘲的目的多种多样，可能是抛出包袱、打开话题、活跃气氛。但无论何种目的，他们都不会希望真的引来众人的嘲笑。所以面对不同目的的自嘲段子，只要用轻快的口吻加以否定即可。这样既不会让在场任何人受伤，也不会让空气凝固。可谓多种状况，一个对策。

同时，自嘲段子有破坏气氛、误伤自己的风险。所以平时一定要慎用。

第四章 应答

遭遇别人自嘲

❌
"额……太……"
"……那确实是……"

Point

● 别人的玩笑话你却当真了。

"哪有？别胡说了。（伴随笑腔）"
"（开玩笑地说）行啦，不许再说了哈。"

发量不够的上级以此自嘲时

"一点都不少。"（有人希望自己的自嘲被人否认）
"您真是闪闪发光。"（对方以开玩笑的口吻自嘲时）
"您就是张卫健吧。"

● 轻快否定，活跃气氛。
● 用玩笑回应玩笑。
● 反过来肯定对方，让对方获得心理满足。

第四章 应答 | 面对赞美，接受就是最好的礼貌

亚洲人面对别人的赞美，总是表现得过分谦逊。

如果说"没有啦没有啦""只是这次运气好"这类的谦逊还能让人接受，那么"岂敢担此殊荣"就会引人反感了。自夸容易，赞美别人却很难，如果拒绝了难得的赞美，不仅辜负了别人的好意，自身也会被贴上"不喜评论"的标签。

被赞美之后，只要直率地接受即可。懂得这一点的人，为人处世也不会太差。我们可能觉得直接接受对方的赞美不够礼貌，但实际上开心地接受别人的赞美本身就是一种礼貌。

第四章 应答

被人夸奖后

❌

"这……也不算什么大事。"

"哪里哪里，和你比起来，我连你的影都追不到。"

"其实也没什么，这对我来说就是一个小插曲。"

Point

- 不够谦逊。
- 太过谦逊或傲慢也不行。

⭕

"谢谢夸奖。"

"感谢你的夸奖。"

"突然被这么一夸，还挺难为情的。总之谢谢了！"

被夸时想送个顺水人情

⭕

"谢谢夸奖！这也托了大家的福。"

第四章 应答 | 记得照顾人群中的"低气压"

在聊天中,如果有个人能在谈话中照顾到别人的情绪,并且做得毫不做作,如春风化雨,那么他一定能够掌控局面。

当一群人谈天说地时,如果有人能够照顾好在场每个人的情绪,做到不冷落任何一人,那么他在别人眼中一定是一个既聪明又体贴的人。要成为这样的人,必须要有强大的洞察力,每当聊天中出现局部低气压时,就要及时地向其抛出容易回答的话题,化解尴尬。

在一场知名报社主办的公开座谈会上,担任主持的女播音员平时负责协调工作,因此在这方面很有能力。当她要咨询在场数位专家的意见时,能够瞬间看清在场每位专家的特点,并且把话题交给合适的人。"现在我们的议题是'如何应对愤怒',那么首先让我们有请专门研究该领域的安藤先生,安藤先生,您对此有什么意见或看法呢?"这个提问不仅人选合适,而且话题适宜,全场的气氛也被成功地调动起来。

能够放眼全场,看清每个成员的特性,进而根据不同的

第四章 应答

特性抛出不同的话题，这是一种为人处世的能力。拥有这种能力的人，到哪里都会发光。

想要催促会议上其他不发言的人发言时

❌

不管在场旁人，自顾自地说下去
咬住自己感兴趣的话题不放
"XX 小姐（或先生），你从开始就一直不说话，你有没有什么想说的？"
（直接忽略旁人）"看来大家也这么想。"

⭕

"本次会议主要希望了解大家的看法。XX 小姐（或先生），你有什么看法呢？只要是自己的看法就行，大家都想听一听。"
确定话题后提问，"某某小姐（或先生），关于这件事你有没有意见或建议呢？"
"我想听听你的意见。"
"说起这件事情，还是 XX 小姐（或先生）最为了解，XX 小姐（或先生）你怎么看呢？"

第四章

应 答 如何婉拒邀约、乱牵线

和不喜欢的领导一起喝酒，或者有人自作主张给你牵线搭桥，遇到这些情况时，不能直白地说："算了，我没兴趣。"

无论何种方式回答，潜台词都应该首先包含"谢谢你能邀请我"，然后是"但实在抱歉，我因为……原因恐怕不能赴约"。有感谢的语言作为缓冲，既不会招致对方厌恶，又能委婉表达拒绝，不留嫌隙。

拒绝上级的邀约时，要在不触及上级尊严的前提下诚恳地拒绝；在拒绝和自己平级的人时，要在插科打诨中推掉邀约，不伤和气。

道谢 ＋ 理由 ＝ 婉拒

第四章 应答

被上级邀请时

❌

"我不太感兴趣……"
"我有点忙……"

Point

● 拒绝一次便没有下次了。

⭕

"那天我要去……办事,恐怕去不了,实在不好意思。"
"我住的地方晚上出去不太安全。"
"那一天我要上一个培训班。"
"要在家里带孩子。"
"最近家里长辈身体不太好。"
"我现在还要工作,暂时没时间谈恋爱。"
"如果有乔治·克鲁尼那样的对象,请一定介绍给我。"

要拒绝的告白对象和你有利害关系

一流沟通术：教你好好说话

"我这个人，不喜欢把工作关系引入到个人生活中。有人利用恋人关系博取信赖，然后利用这种关系为自己的工作铺路。我不喜欢这样，请你理解。"

在 KTV 里被人起哄唱歌时

"今天嗓子有点不舒服。"

Point

● 生硬地拒绝，使众人扫兴，应该用轻柔的语气。

"但我今天想听 XX 小姐（或先生）唱歌！唱个拿手的吧！"

啊！是吗~？

想听你唱

第四章
应 答

拒绝前辈和领导一起去喝酒的邀请

"感谢您邀请我。可是我最近身体不太舒服（家里有事、已经有约了）恐怕不能和您一起去了。下次有机会我一定去。"

Point
- 首先对邀请表示感谢。
- 告知拒绝的理由，并表示有机会一定去。

| 对于收到邀请的感谢 |
| 拒绝的理由 + 以后有机会一定去 |

↓

| 不损伤对方面子 |
| 不会造成隔阂 |

第四章 应答

毫无依据的"没问题"让人心慌

"H项目现在如期开展了吗?"

"是的,没问题。"

如果经历了这样的对话之后,项目最后没能如期完成,那么当初信誓旦旦保证的人恐怕会名誉扫地,再也不被人信任了。

❌

"现在没有问题。"

Point

- 只说没问题,却不说为何没问题,让人忐忑。

◎

"现在已经完成了八成,2天后就能全部完成了。"

"是的,现在只差一家分店的数据了,今天应该就能全部完成。"

Point

- 有理有据。
- 表达了现在的进度。

第四章 应答

领导给下属安排任务时，难免会听到下属吐露心声，比如"第一次做总有点担心"。这时一句泛泛的安慰不仅不让人安心，反而造成更大的问题，比如"没关系，你肯定行"。一旦说出"没关系"三个字，下属会觉得本次任务不太重要，或者本次任务如果出错会有人帮他承担责任。所以安排挑战性的任务时，一定要说明安排给对方的理由，并且要用勉励来消解下属的不安。

要鼓励对方时

✗

"没事，你肯定没问题。"

○

"你之前很好地完成了 A 公司的项目，我觉得这一次要用到上次的经验，就想到你了。"

Point

● 说明理由。

○

"如果你遇到问题，可以随时来找我。"

Point

● 消除不安。

第四章

应 答　　如何与死对头同行

缘分是一种奇妙的东西，再讨厌的人，都有同路而行的机会。这种情况一旦发生，气氛一定十分尴尬，相信每走一步你都希望是最后一步。

实际上没必要硬撑着走完。只要用合适的方式离开，双方都会如释重负，但一定要注意方法。如果一言不发，直接远离对方，或者毫不掩饰地说喜欢独自行走，这样会让双方心知肚明的矛盾上升到明面上。

可以选择打电话或者借口去卫生间，以此离开。

❌

"我喜欢一个人走，不好意思。"

Point

● 说话太直接容易伤人。

⭕

"我接个电话，不好意思。"

"我去趟洗手间，不好意思。"

（对方滔滔不绝，你却一句都不想听）"抱歉我插句话，因为我一会还要去……，先走了。不好意思。"

第四章

应　答　｜　交换名片时的妙语

　　和初次见面的人交换名片时，适当说几句客套话可以有效地活跃气氛，给对方留下良好印象。人们往往会对在初次见面时留下好印象的人另眼相看。

　　我推荐首先说出对方的名字，然后打招呼。"XX 小姐（或先生），以后还请您多多关照。"能够说出对方的名字，会拉近双方的距离，增进亲近感。使用这样的问候语，可以极大地提升你的个人形象。

❌ 问候时目光闪避，接到名片后看都不看地收起。

⚠️ "多多指教。"（问候语太过敷衍，容易陷入无话可聊的尴尬境地。）

⭕ "您的名字很好听。"
"您的名片很精致。"
"能从您的名字中感受到亲人的感情。"
"您名字的读法还是第一次听到。"（译者注：日本人名字里汉字的读音存在一些特殊读法，所以日本人的名片上除了汉字外一般还标注读音。）
"您的照片拍得真好看。"
"XX 小姐（或先生），以后还请您多多关照。"

　　我们的目标是，留下良好的第一印象。

第四章

应答 | 与领导聊天要投其所好

人人都希望只和自己兴趣相投的人对话。但这只是美好的愿望，在生活中，我们难免需要硬着头皮应付不熟悉的领导。

这时，万无一失的做法是选择一些领导喜欢的话题进行对话。大家都希望自己有个专注的听众，所以与其如履薄冰般地尬聊，不如放出话题，然后安心做一个听众。这样不止自己不必担惊受怕，又抬高了领导，满足了领导的虚荣心。

"听说您喜欢高尔夫，您一般喜欢什么路线呢？"

Point

● 领导被问及自己喜欢的话题，开始滔滔不绝地说了起来。

也可以聊一些工作上的事情

"我想和您讨教一下，前几天拿下的合同您有什么秘诀吗？"

Point

● 可以显示自己上进，还有可能真的从领导的传授中学到东西。

第四章 应答

如果和领导的关系很好，可以更进一步，聊一些领导家里的事情。有时聊家事甚至会有意外收获，闲聊间就了解到领导不为人知的一面。更可以尝试交换自身的情况。开诚布公，敞开心扉可以增进和领导间的关系，虽然与领导聊家事有风险，但如果成功了就是一本万利，可以极大地拉近和领导之间的距离。

突然和领导一起被滞留在某一环境中

❌
呆若木鸡，一言不发。这样会留下极差的印象。

⚠️
只会回答"是""不是"，完全无法调动气氛。

⭕
"听说您喜欢钓鱼，您平时都去哪里钓啊？"打开对方喜欢的话题。

"听说您以前在大阪分店工作过，我正好是大阪人，您在大阪的时候喜欢去哪里玩呢？"

"您周末都和家人怎么过呢？"

"其实我还在犹豫是否结婚，您当时是因为什么原因下定决心结婚的呢？"

"如果遇到难缠的客户，您一般都怎样应对呢？"

> 一流沟通术：
> 教你好好说话

和领导在电梯中相遇

○ 微笑着爽朗地打招呼"您辛苦了。"

Point

● 电梯内不适合谈论私事，如果周围有其他人，那么也应该和其他人打招呼。

○ 今天真热啊！（今天真冷啊！）

Point

● 谈论天气，不冒犯任何人，也可以快速结束。

○ "昨天看球了吗？某某队赢了。"
  "周末您去哪里玩了？"

Point

● 谈一些领导喜欢的话题也可以。

第五章

众人面前不怯场

抓住每个观众的心,你就赢了

第五章 众人面前不怯场 千万别自贬身价

当我们站在台上，面对台下众人时，心中难免底气不足。这种缺乏自信的潜意识，会在不经意间通过语言表达出来。但是无论多么紧张，也不能口不择言。试想一下，台下的观众们抽出宝贵的时间，满怀期待地等待演讲开始，却在开场时听到"我今天演讲的内容其实都是些无关紧要的东西"，观众们会是什么心情呢？

这种一开场就自贬身价的做法，其实是一种语言上的自我保护，逻辑就是"我已经在开场前提醒过大家了，所以即使我的演讲不精彩大家也不会责怪我"。但是这套逻辑完全是自我安慰。如果自己首先否认自己，那么抛开演讲内容的质量不提，观众们的热情会在一开场就被浇灭了一半，这对于观众们来说，甚至是一种极大的冒犯。

所以我在为学员们做讲师培训时，首先告诉他们的就是："不要自贬身价。"

既然要做演讲，就不要妄自菲薄，而要自信满满，神采奕奕地说出自己的演说词。

第五章
众人面前不怯场

观众们也会因你的投入而变得全神贯注。

❌

"接下来的故事可能没那么有趣。"
"我可能有些语无伦次,实在抱歉。"

⭕

"机会难得,所以我想讲一些能引发大家深思的东西。"
"说句实话,还是有点紧张的。但是我会尽自己最大努力完成本次演讲。"

◎ **不要自贬身价**

❌ 自贬身价 自贬身价

- "接下来的故事可能没那么有趣。"
- "我可能有些语无伦次,实在抱歉。"
- "我的话参考价值不大。"

⭕

- "机会难得,所以我想讲一些能引发大家深思的东西。"
- "说句实话,还是有点紧张的。但是我会尽自己最大努力完成本次演讲。"

第五章 众人面前不怯场

开头不需要无聊的段子

人们常说:"欧美的演讲从笑话开始,日本的演讲从道歉开始。"

我们的演讲自然不必像日本一样,非要毕恭毕敬地说上一大段客套话。但也没有必要效仿欧美,一定要在开头讲一个无甚趣味的笑话。

通过多年的交流讲座,我发现演讲方式是广受人们重视的,大家都热衷于钻研如何让人们更好地接纳自己的话语这个问题。但是演讲的核心不是方式而是内容。演讲之所以能成为演讲,是因为有内容可"讲"。比起内容,笑话一类的技巧充其量不过是调味料罢了。

台下的观众们笑点不同,与其挖空心思地堆砌笑料,不如简洁明了,充满自信地开场:"大家好!感谢大家能来听我的演讲!"

如此反而更能收获全场观众的好感。

"大家好!我是XX,今天演讲的主题是'虚拟货币的未来',接下来我将与诸位分享我的拙见。"

"今天我也没准备什么段子,咱们就开门见山吧。"

第五章

众人面前不怯场

用开头语吸引听众

良好的开端是成功的一半，对于演讲来说，开头的问候语起了非常重要的作用。所以无论如何一定要口齿清晰，自信大方地说好问候语。如果开头的问候语说得语无伦次，恐怕后续的正常节奏就会被打乱。

为了防止出错，使用简单的"早上好"或者"大家好"即可。

成功说完问候语后，观众们的注意力就会集中到你身上。

说完问候语时，可以空出几秒让观众反应一下。然后用一句话介绍自己的名字和演讲的主题。

以上这些，要全部用舒缓的语气说出，这样可以减缓自身的紧张感。

"大家早上好，我是XX公司的XX，今天想和大家分享一下……"

- 打招呼
- 自我介绍

- 本次主题
- 内容

结束语

和缓、舒展的语速

第五章

众人面前不怯场

给听众反应的时间

关于说话有几条永恒的定律,首先就是语速要适中,以便于他人理解;

说话的句子不宜过长;

最后一点就是避免长篇大论,尽量用简洁的语言表达出来。这三条缺一不可。

最适合我们大脑理解的语速,大概是每分钟300字。新闻联播(译者注:原文为日本广播协会,但新闻联播主持人语速同样约为300字/分钟)的新闻播报便是这个速度。

❌ "所谓的愤怒管理(Anger management)(译者注:作者的另一部作品),是美国学者提出的一种心理疗法,是一种并不适用于所有类型的愤怒,而是对合理的愤怒情绪加以发泄,对不合理的愤怒情绪加以疏导,让人们正确面对愤怒的心理疗法。"

Point

● 冗长的句子只能存在于书面,用耳朵是难以接受和理解的。

第五章
众人面前不怯场

◉

"所谓的愤怒管理（Anger management），是美国学者开发的一种心理疗法。这种心理疗法只能针对某些特殊类型的愤怒加以引导，不适用于所有类型的愤怒。这种疗法提倡让合理的愤怒情绪得到发泄，对不合理的愤怒情绪加以疏导。总之，这是一种让人们正确面对愤怒的心理疗法。"

Point

● 长句分割为短句，每个短句简单易懂。

一句话的文字数量最好保持在 30 字左右，至多不超过 45 字。（译者注：此处的标准基于日语，汉语为 10～20 字。）如果各位观看的演说配发了演讲稿，可以仔细观察一下字数。

同时，每句话之间要停顿片刻，给观众反应、思考、认同的时间。通过片刻的停顿，观众的思路就可以及时跟上演讲者的节奏。

✗

"所谓果断，虽然是重视彼此主张和立场的自我表现，但是也会倾听对方观点，重视彼此之间的交流，因此也可以说是看重对话的作用……"

Point

● 转折、因果表现过多，表意不明。

一流沟通术：教你好好说话

❌

"即是看重彼此的自我表现，也倾听对方的意见，更看重对话的作用……"

Point

● 并列成分过多，不知所云。

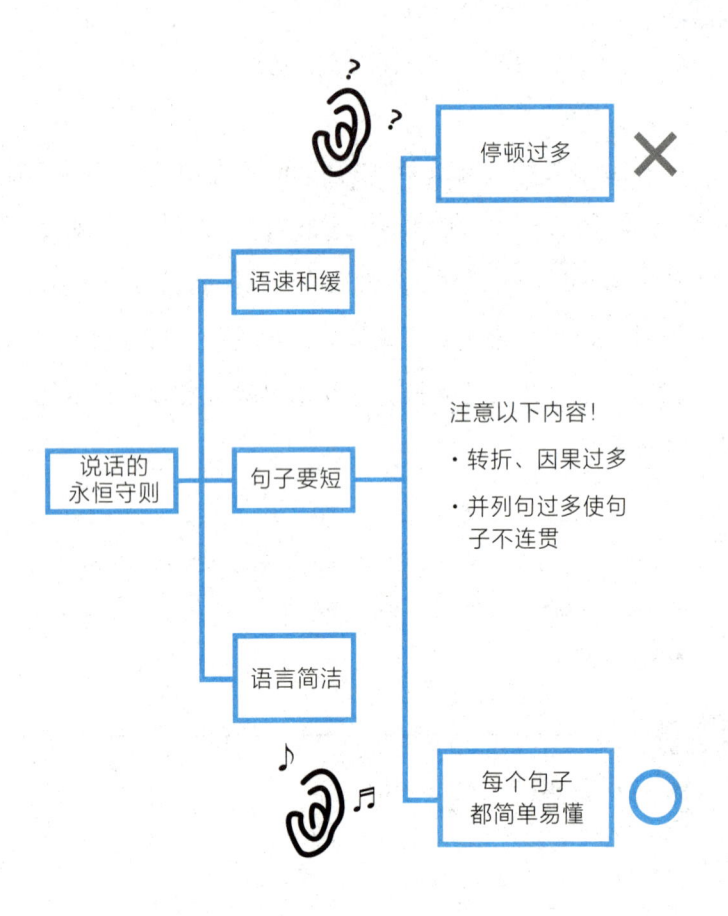

```
                                    ┌─ 停顿过多 ❌
                                    │
            ┌─ 语速和缓 ─────────────┤
            │                       │
            │                       │  注意以下内容！
说话的       │                       │  · 转折、因果过多
永恒守则 ────┼─ 句子要短 ─────────────┤  · 并列句过多使句
            │                       │    子不连贯
            │                       │
            │                       │
            └─ 语言简洁 ─────────────┤
                                    │
                                    └─ 每个句子 ⭕
                                       都简单易懂
```

- 156 -

第五章
众人面前不怯场

与商业用语相符的连词

如果在演讲中直接使用日常生活中的语言,演讲的格调会被降低。所以在正式的场合要使用正式的连词。只此一项,就能让你的演讲大不相同。(译者注:原文中给出的一些词语仅在日语中能体现出书面语和口语的区别)

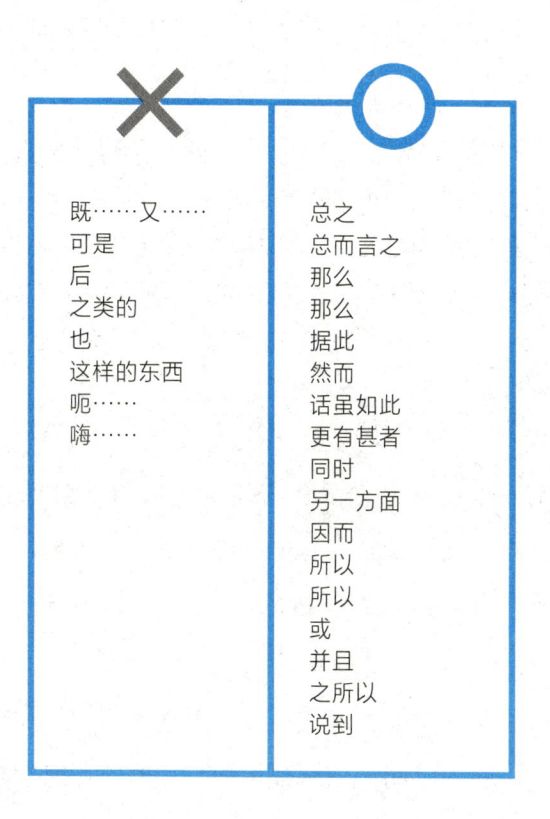

✗	○
既……又……	总之
可是	总而言之
后	那么
之类的	那么
也	据此
这样的东西	然而
呃……	话虽如此
嗨……	更有甚者
	同时
	另一方面
	因而
	所以
	所以
	或
	并且
	之所以
	说到

第五章

众人面前不怯场

宣讲要做到脉络清晰

宣讲之前，一定要把本次宣讲的框架传达给观众。

"今天我们的话题是'以解决问题为导向的投诉应对方法'。（表达了演讲的主题）那么我先来介绍一下本次演讲的流程，第一部分是对于投诉的看法，第二部分是应对投诉的基本步骤和要点，第三部分是关于投诉顾客的心理分析，第四部分是投诉实例介绍，最后一部分是如何避免客户反复投诉。以上就是本次演讲的流程，那么，本次的演讲正式开始。"

如果在演讲伊始，就能将演讲的主旨和流程传达给观众。那么观众就能对主题和流程有一个初步了解，通过在脑中进一步整理，充分了解演讲的脉络，加深对于此次演讲内容的理解。

如果能在配发给观众的稿件或者宣讲的幻灯片中添加一张流程图，就可以同时加深视觉和听觉上的印象，有助于观众更好、更快地理解演讲内容。

第五章 众人面前不怯场

在开始正式内容前,一定要加入流程说明,使整个宣讲过程一目了然。

如何说明框架

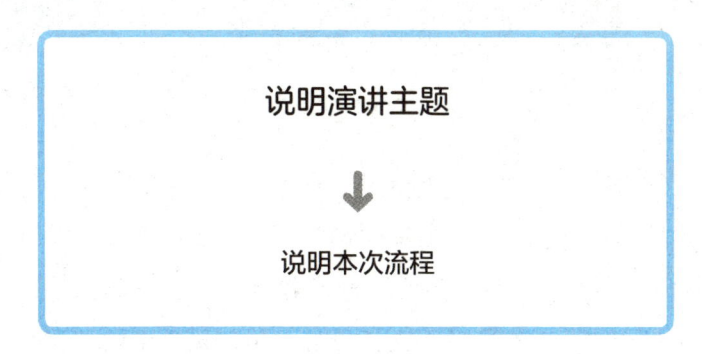

说明演讲主题
↓
说明本次流程

今天我们的流程是
首先是……
然后是……

第五章 众人面前不怯场 照本宣科传递不了热情

有的演讲者会在登台前备好稿子,上台后一字一句地把稿子念完,或是一字不差地把稿子背诵出来。这样的准备自然无可厚非。但如果过于依赖前期准备,觉得这种做法可以"一劳永逸",那么演讲本来的目的——用自己的感情打动别人,传递信息,就变成照本宣科,毫无感染力可言了。

没有融入演讲者情感的演讲,自然无法打动观众。

想让自己的演讲具有渲染力,就应该在演讲稿上标注要点。

在稿件上做好标注后,可以仅依据这些关键的提示词进行反复练习。通过这些提示词,可以使你在潜意识中深化对要点的记忆,而围绕这些要点的解释性语言,即兴发挥便可。

如果有登台的机会,牢记不要照本宣科,一定把握好关键词。

第五章 众人面前不怯场

做标记的例子

✗

如果说起，为什么今日
人们普遍追求沟通能力，
我认为是今日价值观的多元化
使得人们不再追求察言观色式的沟通方式。
人们不再追求察言观色，
而是普遍希望提高自己的表达能力。

> 如同剧本一般……

○

> 选出重点

人们为何追求沟通能力
价值观多元化
人们不再喜欢察言观色式的单方面社交
希望提升自身的表达能力

第五章 众人面前不怯场

语调平平，听众反应也平平

有的人说话语调平平，毫无顿挫之美。如果演讲者用这种腔调演讲，那么无论演讲内容多么有趣，观众们都会昏昏欲睡，渐入梦乡。

同时，毫无感情的说话方式不仅使人兴致全无，还会带来一个重大问题，就是观众无法通过语气来判断演讲的要点。所以要成为一个合格的演讲者，首先就要抛弃平平的语调。

最简单的办法，就是练习让自己的语调富有变化。练习说话语调的方法有很多，找一个适合自己的即可。

选择演讲语调时要注意，众多语调中有一些是与你不匹配的，或者是过于做作的。因此一定要选择适合自己的风格。在演讲中，可以按演讲的流程大致分出两三种不同的语调，只需这两三种语调的变化，就能让你的演讲张弛有度，抑扬顿挫。

第五章
众人面前不怯场

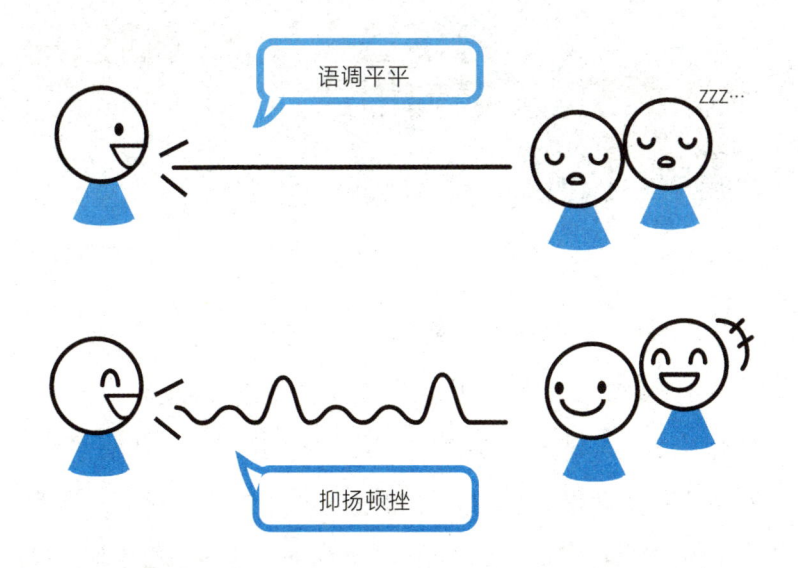

语调平平

ZZZ…

抑扬顿挫

如何让语言富有节奏

想强调时：	・慢慢地说 ・重复 ・提高音量
提示重点时：	・在重点前稍作停顿 ・用话题吸引注意"在座的各位知道……吗？" ・强调"接下来就说一下今天的重点"

第五章 众人面前不怯场

分场合选择不同幅度的肢体语言

演讲时的肢体动作，意在吸引观众的注意力。

观众数量多的情况下，肢体动作的幅度也要相应增大，否则无法带动观众的情绪。但是亚洲人性格普遍比较内敛，不善于肢体动作，在没有练习过肢体动作的前提下贸然为之，动作往往如同木偶般僵硬。因此如果要在演讲中加入肢体动作，最好预先对着镜子练习，或者找人帮忙录像。这样就能了解自己的肢体动作是否合适。

值得注意的一点是，演讲中有一个常用的动作，即伸出手掌、五指并拢做出指示的动作。做这个动作时应该干净利落，需要用手指时动作也要迅速。根据人数的差别，也可以微微弯曲手掌。

肢体语言与演讲的氛围相匹配，可以锦上添花，既有良好的视觉效果，又能加深观众对内容的印象，可以为演讲整体加分不少。

第五章 众人面前不怯场

肢体语言的选择

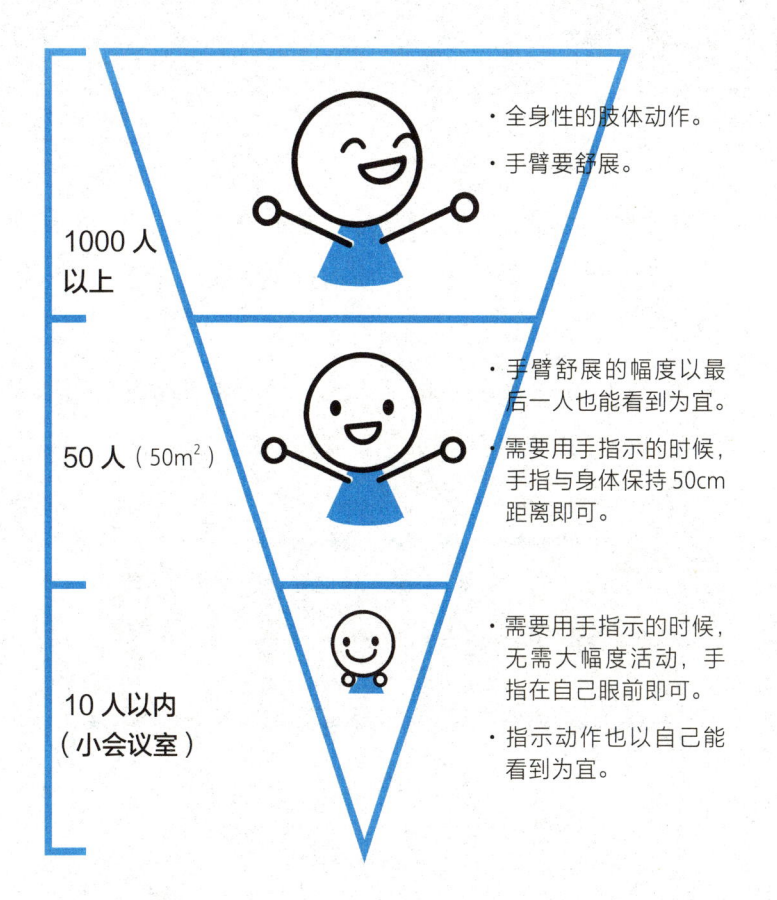

1000 人以上
- 全身性的肢体动作。
- 手臂要舒展。

50 人（50m²）
- 手臂舒展的幅度以最后一人也能看到为宜。
- 需要用手指示的时候，手指与身体保持 50cm 距离即可。

10 人以内（小会议室）
- 需要用手指示的时候，无需大幅度活动，手指在自己眼前即可。
- 指示动作也以自己能看到为宜。

第五章

众人面前不怯场

在意犹未尽中强调重点

如果演讲中所有的语言都是一丝不苟的书面语,虽然内容本身做到滴水不漏,但仍会使演讲整体缺乏变化,显得枯燥乏味。

因此如果有着重强调的地方,不妨使用省略的技巧来表达。制造一种意犹未尽的感觉。

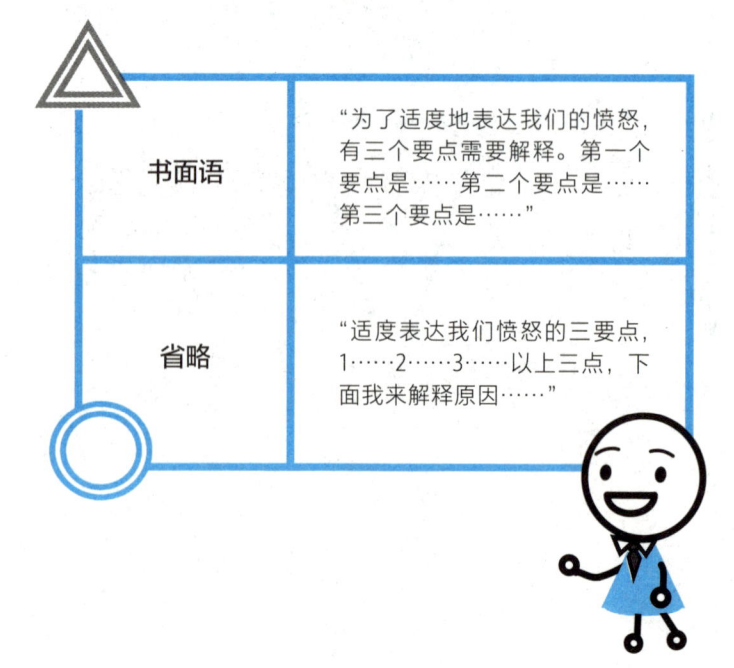

书面语	"为了适度地表达我们的愤怒,有三个要点需要解释。第一个要点是……第二个要点是……第三个要点是……"
省略	"适度表达我们愤怒的三要点,1……2……3……以上三点,下面我来解释原因……"

第五章

众人面前不怯场　　阐述意见，从结论说起

在会议中或者众人面前被问及看法和意见时，如果长篇大论、废话连篇，会使听的人备受煎熬。正确的做法应是先说结论，再作解释。

✖
"我原本有许多想法，可是听了大家的意见之后又出现了一些困惑……考虑到这样那样的因素，觉得哪种方案其实都很好。就我个人来说……"

◯
"我先说我的结论，我赞成 A 方案。理由……"
"首先我想说一点……"

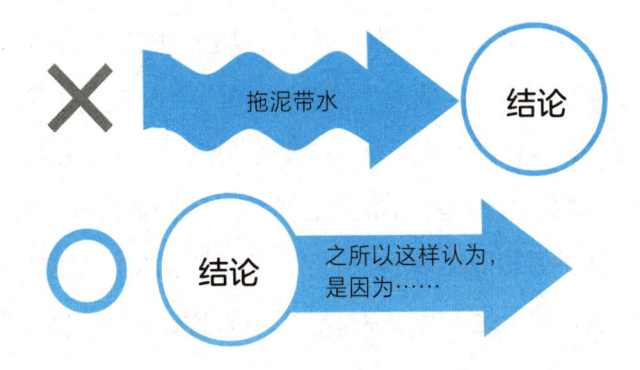

✖ 拖泥带水 → 结论

结论 → 之所以这样认为，是因为……

第五章 众人面前不怯场

洞察观众回馈，融入整体氛围

要在众人面前讲述自己的观点，就必须时刻洞察观众的反应，把自己完全融入到整体氛围中。本篇内容对于演讲初学者难度略大，适合已经对演讲有一定基础，希望进一步提升自己水平的读者。

假设，台下观众中有人听完你的某句话后脱口而出："这里，有点难啊。"

听到这样的声音，要立即思考声音背后观众的真实想法。同样地，如果观众歪着头一脸不解，面露为难，就要试着问一句："大家没理解我的意思吗？要不要我在这里再详细说明一下？"如果观众们频频点头，要回应"很高兴大家都理解了"。另一方面，如果我们在场上过多地关注负面回馈，观众们的积极性就会急转直下，为了防止气氛一落千丈，需要演讲者尽可能多地关注正面回馈，调节全场的气氛。

台下的观众们虽然不能真正地和台上的演讲者一对一交流，但演讲者若能注重这些细节，观众们的反应就能得到相应的回馈，并因此产生一种参与感，被渐渐地带入到话题中。

第五章
众人面前不怯场

演讲者和观众一旦形成这种良性循环，演讲的气氛就会越来越高。最后观众们的情绪会全部被你带动起来了。

如果你已不是初学者，而是一个有余力洞察观众反应的人，那就更要学会这一技能了。

❌

过分关注负面反馈："为什么现在一脸疑惑？"
要约束观众："请不要自说自话。"

⭕

体验观众的想法："这个话题是不是太难理解了？"
"得到大家的肯定，我真是太高兴了。"
做出回应："虽然有人说立刻就可以，但大部分人都要三天左右完成。"

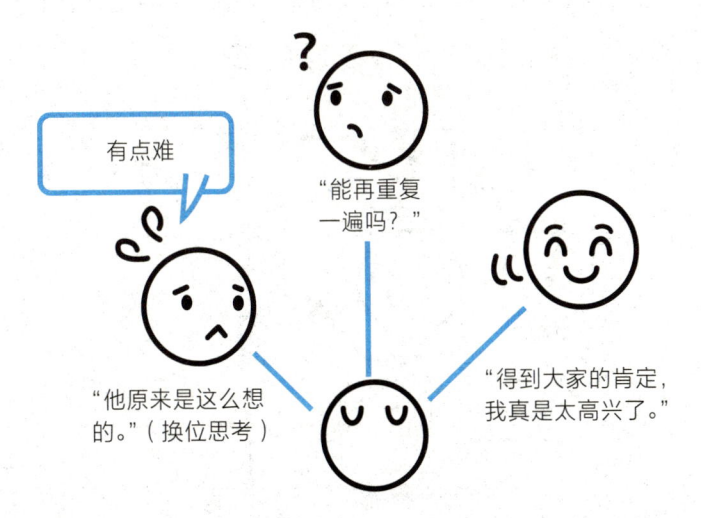

有点难

"能再重复一遍吗？"

"他原来是这么想的。"（换位思考）

"得到大家的肯定，我真是太高兴了。"

第五章

众人面前不怯场

一页 PPT 只讲一件事

使用 PowerPoint 做宣讲时，不推荐在一页 PPT 上放置多个要点的做法，甚至详细解释每个要点。如果观众们的注意力全都集中在密密麻麻的文字，那么对于内容本身就不会有什么印象。或者说，信息过于密集，会直接打消人们细细品读和思考的欲望。

PPT 一页只说一件事情即可。

如此，每页的内容都能给人留下印象，不断变换页面带动节奏一直延续，就不会使人产生厌倦感。

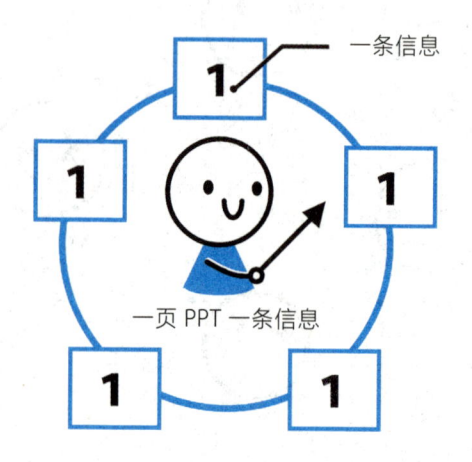

第五章
众人面前不怯场

PPT 例子

✗ 我们对人发火的目的究竟是什么呢?

并不是要彻底击垮对方自信,
而是希望对方成长,
希望他能够改善自身存在的问题,
回顾一下自己的训斥方式是否能让对方理解吧!

发火时的要点

- 说明因何发火,如何改善
- 就事论事
- 给对方改正的机会

○ 我们因何发火

希望对方成长,
希望他能够改善自身存在的问题

回顾一下自己在发火之余是否给出了改正意见吧!

第五章 众人面前不怯场

讲解PPT，像看连环画一样

演说中使用PPT，应该有放映连环画般的效果。

放映PPT时，两页PPT之间承前启后的语言有一个专门的名词：搭桥。如果会"搭桥"，就能像放映连环画一样，在一幕一幕切换之间，及时总结本页内容并引出下页内容。这样每一页都清晰明了，观众也会有足够的注意力去理解每一页的内容。

使用PowerPoint做演说时，每当页面切换，如果演说词戛然而止，切换到下一页后前后的演说词内容上又不关联，令听众感到断断续续，不够连贯，也会给他们的理解带来障碍。

"请看大屏幕。这就是自主性沟通（assertive communication）的定义。

接下来，让我们来看一下自主性沟通（assertive communication）的分类。

这是关于分类的说明，如大家所见，可以分为三种。"

如果能像上述一样，在不连续的两页间"搭桥"，观众就能像听故事一样把握演说的脉络，不会轻易走神。

第五章
众人面前不怯场

想要拥有此项能力，就必须事先做好准备，准确的理解自己演说的内容后，方可胸有成竹。

真心希望所有使用PPT演说的人都能掌握这项技能。拥有这项技能后，观众们对于演说的满意程度和理解程度都会极大提升。

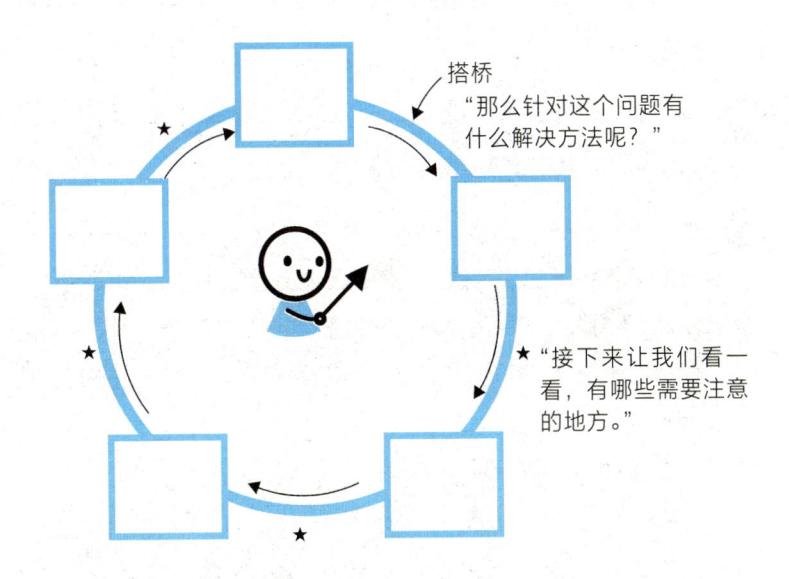

搭桥
"那么针对这个问题有什么解决方法呢？"

"接下来让我们看一看，有哪些需要注意的地方。"

第五章 众人面前不怯场

发言结束前，总结一下要点

在我们的发言结束前，将结论浓缩为 20 字左右的短句再重复一遍，观众们的记忆会更加深刻。

简短的语言容易深入人心，所以一定要在演讲前就将结论总结好。

❌

"时间到了，我的演讲结束。"

◉

"总之，我今天的主旨是'交流的主导权握在听者手里'。所以让我们努力做个优秀的倾听者吧，谢谢各位。"

"最后我来总结一下，'由个人感情产生的责任，只能由自己来承担。'"

"工作可视化能够提高生产效率。"

以我的经历来看，很多人在快到结束语时，就开始语无伦次了，或是嘴上虽说"谢谢大家"，身体却已做出撤退状，恨不得尽快离场。

第五章
众人面前不怯场

登台讲话的一个重点是如何收尾，收尾时的状态会在人们的记忆中留下极深的印象。有的演讲的内容充实，但最后的收尾不甚完美，最后连累整场演说落得一个"虎头蛇尾"的评价。

为了让演说的收尾意犹未尽，回味无穷，收尾时一定要口齿清晰，语调和缓。

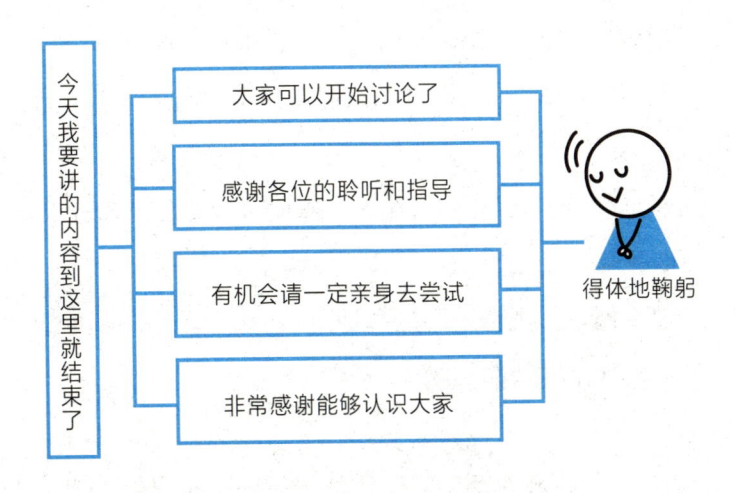

```
今天我要讲的内容到这里就结束了 ┬─ 大家可以开始讨论了
                          ├─ 感谢各位的聆听和指导
                          ├─ 有机会请一定亲身去尝试     得体地鞠躬
                          └─ 非常感谢能够认识大家
```

演讲结束后，切记不要忘了得体地鞠躬。

鞠躬时要注意，如果一边道谢一边鞠躬，整个动作会显得十分仓促，所以一定要保持先后顺序。在鞠躬时意识到这一点，你的演讲就会变得既优雅又从容。

第五章 众人面前不怯场

紧张时可以自我对话

谁都有紧张的时候，所以不必为紧张而自责。

在感到紧张时，无需拼命压抑，其实我们是可以与紧张共存的。

我建议，可以在感到紧张时，在心中暗自与自己对话。

"怎么回事，现在手心里都是汗。"

"心跳比平时快多了啊……"

在这样的自我对话中，紧张情绪得到了转移，心情便能平复许多。

与自己对话的时机可能各不相同。但是只要感到心跳加速，忐忑不安，就该努力接受这种情绪了，"咦，我紧张了呀！"

下次感到紧张后尝试着自我对话，你就能感受到自己紧张的情绪是如何在对话中平复下来的。

第六章

工作外交流

构建良好关系,你就赢了

第六章 工作外交流

自说自话招人厌烦

在日常对话中，有些人喜欢自说自话，完全不顾及他人感受。这样的人，虽然不至于变成"全民公敌"，但终究是遭人厌烦的。七成以上的人在说话时都应该注意这一点。因为在不知不觉中，我们就可能成为这种人，这无异于给自己埋下地雷，而且不知何时就会触发。

"他啊，不懂得尊重别人……"

悄无声息间，这种人的风评就会变差。所以牢记，一个人是否懂得在谈话中尊重他人，大家都看在眼里，记在心上。

❌

"话说我……"
"是，是，是，是（然后急忙抢过话题）"
"是的，是的，我以前……"

⭕

暂时接纳对方的观点，"啊，原来如此。"
"嗯嗯，确实有这样的情况。"说话时要伴随点头肯定的动作。
"然后呢？然后呢？"

第六章 工作外交流

对付"复读机"：别犹豫，直接出击

当一个人说起对于自身意义重大的事情时，会下意识地反复强调。那么如果我们是那个听了好几遍的人，该如何应对呢？

其实有时我们听到了重复的内容，也不会过于在意，而且仍然会装作是初次听到的样子。特别是对方是长辈或领导时，这种做法基本是唯一的选择。但如果对方翻来覆去地说，或者对方是个知根知底的人，那么就可以直接提醒他"你之前说过了"。

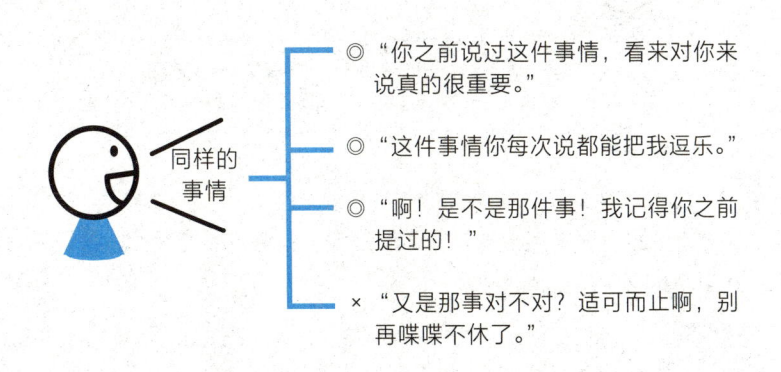

同样的事情
- ◎ "你之前说过这件事情，看来对你来说真的很重要。"
- ◎ "这件事情你每次说都能把我逗乐。"
- ◎ "啊！是不是那件事！我记得你之前提过的！"
- × "又是那事对不对？适可而止啊，别再喋喋不休了。"

第六章 工作外交流

如何对付一肚子苦水的人

如果有人总是因为同样的话题找你大倒苦水，而你不堪其扰，准备挑明你的态度。那么你们之间的关系恐怕会出现无法弥合的裂痕。正确做法应该是，语气柔和，避免强硬说法，安静地听完后，表达出"这种事情，我建议你还是自己决定的好"的想法。

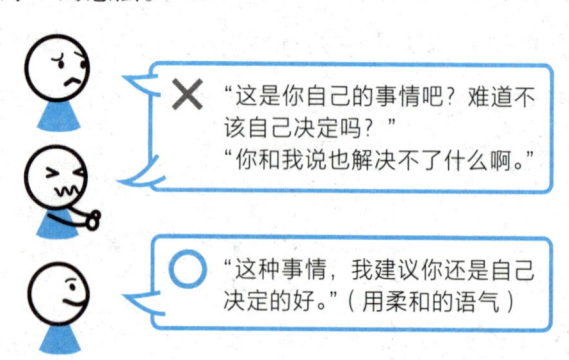

✗ "这是你自己的事情吧？难道不该自己决定吗？"
"你和我说也解决不了什么啊。"

○ "这种事情，我建议你还是自己决定的好。"（用柔和的语气）

"你讲的情况确实不好处理，但是我不是这方面的专家，所以给不出什么有价值的建议。"

Point
- 如果在这番话后对方仍喋喋不休，那就说"我建议去找一个有类似经历的人问问该怎么办。"

第六章 工作外交流

别怕事后再去道歉为时已晚

当我们错过道歉的最佳时间后，容易陷入到"为时已晚"的思维定式中。但如果错过最佳时机就放弃道歉，任由情形进一步恶化，恐怕会给彼此关系带来更加严重的后果。只要你自己觉得抱歉还不够，一定要用语言表达出来，对方才能感知到你的歉意。

一定要真诚地道歉，不要试图在道歉时辩解。人们往往比想象的更加看重道歉的态度。

❌

× "我看你当时一脸不悦，所以没敢说……"

Point

● 别把没有进行道歉归咎为对方的态度。

◎

"其实当时就该立刻道歉的，但是最后也不知怎么了……总之，和你说声对不起。"

"我希望这个插曲不要影响我们的友谊。当时真的太抱歉了，我现在只想和你说对不起。"

> 一流沟通术：
> 教你好好说话

明确事情的责任在自己身上时

✗

什么也不说，任由事情恶化。

"那件事，也不能全怪你啦。"

Point

- 闪避责任，让对方心存芥蒂。

◎

"真的对不起。都是我的错！头脑一热就说了那样的话，现在想想真是后悔万分。对不起！"

Point

- 对方犯错或者两人都犯错时，视情况决定谁向谁道歉。

对于孩子

◎

"对不起啊，妈妈以为是你弄丢的，其实是妈妈收拾房间的时候搞错了。"

Point

- 用自己的实际行动教育孩子要懂得道歉。

第六章 工作外交流

对于意志消沉的人，倾听比打鸡血管用

与陷入低谷的人交流时，一定要避免一味地打鸡血。因为造成意志消沉的原因可能非常复杂，对于详细情况并不了解的我们，最好不要过多涉足对方生活，只留下一句"有事情可以随时联系我"，即可。

❌

"你怎么看起来没精神啊，振作起来！"

"打起精神来啊！"

⭕

"怎么了？我觉得你和平时不太一样。如果说出来能高兴点，就和我说说吧。"

第六章 工作外交流

表达哀悼，言少则意切

"觉得自己很幼稚，不知道应该如何开口。"

这就是哀悼时常常出现的问题。

最好的哀悼，应该是简短且严肃地说一声"节哀顺便"。人们对于死亡的态度，虽然和亲疏远近有一定关系，但总体上还是因人而异的。这时，最好能够谨言慎行，只要表达哀悼之意，点到为止就好。

❌
- × 完全不关心这个话题。
- × 把葬礼现场当成了交际场所，遇到朋友有说有笑。

Point
- ● 葬礼现场保持肃穆是礼仪。

和亡者的亲人关系亲密时

第六章 工作外交流

"太突然了,也不知道该怎么安慰你……总之需要什么和我说。"

和亡者的亲人关系一般时

"是这样啊,我也不知该怎么劝您……"

"节哀顺变……"

"唉,这下冷清了很多……"

基督教葬礼上

"感谢您告知我,愿逝者得享安息。"

Point

● 不要使用"节哀顺变"等东方传统词语。

第六章 工作外交流

告别时的印象会让人回味无穷

试想一下，如果别人在和你告别的时候精神饱满，边走边回望挥手，或者优雅地鞠躬……你是否就会对此人留下极好的印象？实际上，告别时的形象，与通常被人们重视的"第一印象"是同样重要的，它是构筑个人形象不可或缺的部分。

我曾听说过这样的故事：在某个企业的面试现场，一个已经签约的面试通过者，仅仅因为没有好好地鞠躬道谢，就被解除了刚刚签订的合同。为了不让这种故事发生在自己身上，一定要牢记告别时好好鞠躬，挥手示意，同时要保持笑容。

❌

元气十足地说"拜拜"之后，笑容迅速从脸上消失。

Point

● 笑得不真诚。

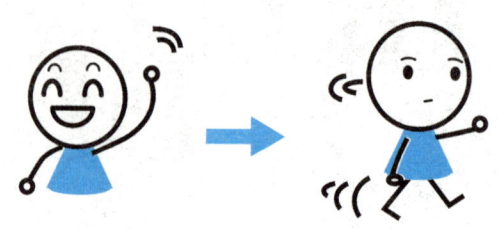

第六章
工作外交流

❌
告别时一秒都不愿多停留,迅速离开。

Point

● 给人冷漠的印象。

○

告别后,离开 5 米左右距离的时候回身鞠躬。
满脸笑容挥手致意。
告别时寒暄一句"路上注意安全"。
目送对方直到离开视线范围。

急忙点头行礼

5 米

不希望告别时无言

○

"下次再见。"
"今天看见你太高兴了,咱们下次有机会一定再聚。"
"回家路上一定要注意安全。"

第六章 工作外交流

提前说一句"我想吐个槽",更能让人接受

人生在世,难免二三烦心事。遇到烦心事想找人吐槽也是人之常情。但是吐槽前应该知道的一点是,听人倾诉也是一件耗费体力的事情,对方并不能24小时待机等待你倾倒垃圾情绪。所有人都有自己的生活,可能会因为忙碌而无暇认真顾及你的感受。所以吐槽也要讲究方式方法,找人吐槽前一定要事先询问对方是否方便。

事先询问后,可能得到"今晚有事,现在手忙脚乱的,咱们明晚说吧。"这样的答复,这时就不能再叨扰对方了。总之,为了在吐槽的同时维持良好的人际关系,千万不能有"只要我想吐槽,别人就必须听着"的想法,一定要考虑对方的感受。

呀~!!
"那个,现在有件事很让我烦心。"

"我能找你发点牢骚吗?"
"能帮个忙吗?"
"我可以找你吐个槽吗?"

第六章 工作外交流

倾诉之后别忘了道谢

向别人倾诉之后总是觉得全身畅快,但是畅快之余别忘记和一直倾听的对方道谢。大倒苦水之后连声谢谢都不说就直接离开,是非常没有教养的行为。

维护人际关系需要时刻谨小慎微,注重每一个可能导致关系恶化的细节。忘恩负义之人很难与他人建立长久可靠的人际关系。所以一定要注重自己在人际交往中的每个细节。聊完沉重的话题之后,除了向对方道谢之外,也一定也要关注对方的感受。

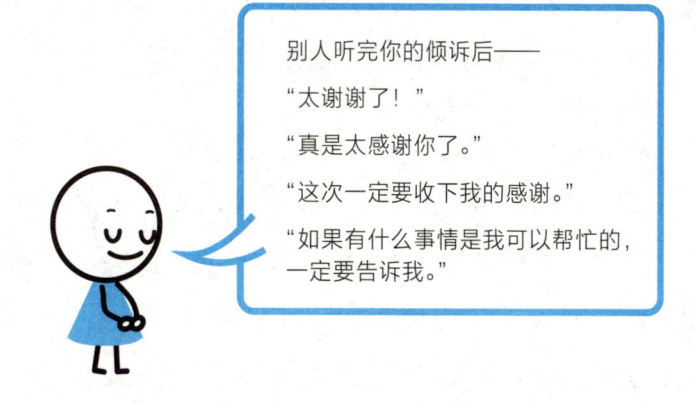

别人听完你的倾诉后——
"太谢谢了!"
"真是太感谢你了。"
"这次一定要收下我的感谢。"
"如果有什么事情是我可以帮忙的,一定要告诉我。"

第六章 工作外交流

被介绍后要道谢并反馈，开启交际下一步

人的本性，总能在一些不经意的时候显露出来，比如介绍别人和被人介绍时。

所谓的介绍，就是为两个自己熟悉的人牵线搭桥。在这个过程中，介绍者作为中间人，其实很关心自己的介绍给两人带来的影响，所以经人介绍之后，一定要给介绍者以反馈。

带着感谢的心意给介绍者回馈后，介绍者一方面会放心，另一方面也会充满成就感。要保持良好的人际关系，一定要记住这些成人世界的礼仪。

"前几天你介绍的 XX，这两天我们还一起合作呢。"
（以后准备一起做一个项目。）
（我们很合得来。）
（决定一周之后再见一面。）
"感谢你牵线搭桥。"

Point
- 字里行间还可以透露出"特意来告诉你介绍的结果"的意思。

第六章 工作外交流

身为领导，更要谨言慎行

只要没到忘年之交的程度，那么级别、辈分不同的人在一起聊天，身份是下级、晚辈的一方必然谨言慎行。但其实不止晚辈应该注意，长辈也要时刻谨记，和晚辈聊天不要喋喋不休。如果不懂得克制自己，身为领导聊起天来却无休无止，恐怕会如《皇帝的新装》中的皇帝一般遭人讥笑。正因为身为领导，才更需要关注身边人的想法，注意把握自己说话的尺度。

"你怎么想呢？"
"我好像说多了，小赵是怎么想的呢。"
"今天我想听听大家的看法。"
"一直是我在说，你也说两句嘛。"

皇帝的新装 — 喋喋不休

第六章 工作外交流

面对亲朋好友的过分关心，要善于打太极

父母、朋友、邻家阿姨（译者注：日语里特指日本妇女因育儿在公园、幼儿园等儿童密集场所结识的同为母亲的女性。）、领导……无论身份地位如何，总有人会对你表现出"过分的关心"。面对这些关心，不要表现出明显的不耐烦，最好能够通过语言来打太极，用一句"还没想那么多"搪塞过去，这个方法百试不爽。

> 围绕你的恋爱、工作等话题，亲戚们七嘴八舌地讨论起来时

（开玩笑的语气）"好了好了，这是我自己的事情，大家别说了。我知道大家挺关心，但是你们这样是不是对我没信心啊。（伴以笑容）"

> 想和父母就一件他们不同意的事情沟通时

第六章
工作外交流

○ "我知道您反对一定是因为有其他的考虑。但这件事情终究是我自己的事情,所以我希望您能先接纳我的意见。不要再一味地反对我了。"

> 老生常谈的问题"什么时候结婚?""孩子怎么样了?"

○ "这种事情老天爷说了算,我还是等着吧。"

> 邻家阿姨的问题有失分寸时

邻家阿姨:"你丈夫是做什么的?"

✗ "和你没关系吧?"

Point
- 空气瞬间紧张。

○ "唉,丈夫总是很忙都没时间休息。我总是想着,他要是能闲下来就好了……"

> 一流沟通术：
> 教你好好说话

邻家阿姨："你是哪个学校毕业的？"

○ "上学的时候，一直在打工都没怎么好好用功。说起来……（转移话题）"

Point

● 对于不想回答的问题，直接闪过。

邻家阿姨继续追问的情况下

○ （笑着）"算了别问了。"

○ 结婚了吗？有孩子了吗？

老天爷说了算。

× 这事和你没关系吧。

你丈夫是做什么的？

第六章 工作外交流

谈钱，要直击要害

曾有许多人来咨询我，究竟如何处理金钱问题中不好直言的细节。我的回复是，首先不要因为羞于开口，就吞吞吐吐，保持现状。因为任何感情都会被持续积累，一旦爆发，后果不堪设想。爆发时，如果双方口不择言，这段关系也就几乎到达终点了。

实际上金钱问题也是一个磨合双方价值观的良好机会，一定要紧握时机，敢于直抒己见。以一种"为了双方关系拥有更好未来"的想法来与对方交谈，一般都会得到良好的结果。

要和对方挑明自己借钱时

✗ "哦对了，都忘说了，能不能借我点钱？"

> 一流沟通术：
> 教你好好说话

○────────────────────

"有件事我得说，虽然有点不好开口，借我 XX 元好吗？我会分期每次还你 XX 元。"

我刚才怕提到借钱会惹你生气，想着想着就把这事忘了……抱歉。

其实我一直害怕贸然借钱引得你担心，犹豫之间就错过了跟你说的最佳时间，对不起

Point

- 首先道谢。
- 如果计划明确，把自己的还钱计划也告知对方。

婆家对于金钱概念十分模糊，你要明确家庭收支时

○────────────────────

"我们家的财务状况以后应该收支平衡，所以应该列个经济计划了。还请您理解配合。"

Point

- 先说明现在的经济情况，如果不同意也不会招致尴尬。

第六章 工作外交流

想知道未婚妻（夫）的存款数额

"你这人看起来不怎么会存钱，也不像能赚大钱的样子，所以我才不放心问问你存款！"

✗ "因为你挣得少我才要问！"

Point

● 绝不能说人收入少。

"接下来我们就是一家人了，所以我觉得坦诚相待比较好，你能告诉我这些年的存款吗？当然，我也一定绝不隐瞒。"

我觉得接下来我们应该一起存钱啦。我想指定一个存款目标。所以先告诉我你的存款数吧。

一流沟通术：教你好好说话

自己想管理家庭财务收支时

"我其实很擅长管钱哦。为了咱家以后能攒下更多钱，就让我来管理咱们家的财政吧！"

Point

- 有的男人如果在金钱方面被限制的太过会有情绪，所以不要管得太严。

别人管你借钱时

"我家里从小就教育我不要和朋友之间发生金钱关系。实在对不起。"

借出的钱没及时收回

"哦对了，三个月之前我是不是借给你XX元？差不多该还了吧。"

卷末附录

妙语集

多种场景，轻松应对

卷末附录

妙语集　职场·工作篇

? 酒局进行得热火朝天，你却要中途离开

○ "扫了大家的兴真的不好意思（十分抱歉），我明天还要早起，就先走了。"

Point
- 理由也可以换成"还要赶末班车""最近家人身体不好，我得回家照顾"。

? 当你想约刚刚入职的新人出去喝酒

○ "工作还习惯吗？不如咱们去喝一杯？公司附近有家店不错，这周或者下周都可以。"

卷末附录
妙语集

Point

- 有话明说，直接邀请。
- 时间上要以对方为主。

当你想在对方忙碌的时候和他搭话

"我想和你说一下……的事情，现在方便吗？"（对同事和晚辈）

"能占用您 5 分钟吗？我想和您商量关于……的事情。"（对领导）

Point

- 简洁说明谈话的主题、所需的时间。

当你想拜托忙碌的同事帮忙时

"百忙之中打扰你真的不好意思。我有个不情之请……能否先帮忙做我们这边的工作呢？因为只剩下 5 天时间了，我们实在做不完……"

一流沟通术：教你好好说话

> 当你对领导上级的做法有疑义，想在不伤害双方关系的前提下提出意见

○ 关于指导方法："关于此事我也有一定经验，能和您汇报一下我的看法吗？"
关于工作内容："我认为，换种方法可能会让工作开展得更顺利。"

> 当你想催对方尽快时

○ "您好，我是前几天订货的 XX，您那边能否在某日前交货呢？我们这边接下来的运作都需要您交货才能继续，无论如何，拜托您尽快一些。"

> 当你觉得领导有意忽略你的成绩时

○ "您好，关于您对我的评价，我想和您说上几句。这半年来，我也做出了诸如 XX 项目的成果。但是我总觉得没得到您的好评。如果您对我还有什么要求，可否请您现在告诉我呢？今天我是

鼓起勇气来找您聊这件事的,因为我也希望能在正确的方向上继续努力,所以想告诉您我的真实想法。"

当你要报告自己的工作失误时

"我想汇报一些事情。实在抱歉,我在 XX 项目中出现了工作失误。详细情况是这样的……"

Point

- 首先通报自己的错误,然后道歉。
- 之后做详细汇报,包括失误的原因、当前情况以及今后的应对等。

当你要向犯了错又死不认账的下属提意见时

"小 A,谁都会犯错,犯了错误改正就好。但是你现在的态度就很有问题。"

一流沟通术：
教你好好说话

当你犯了三次同样的错误要道歉时

"实在抱歉，我又犯错了。我现在深深地意识到了自己的错误，下次绝不再犯。"

当你要教训屡教不改的下级时

"为什么三番五次地犯同样的错误？脑子有问题吗？"

Point
- 不要进行人格否定。

"你有没有思考过如何做才能不再犯错呢？虽然这些都是鸡毛蒜皮的小事，但是日积月累下来，会给我们公司的声誉造成很大的影响啊！"

Point
- 表达出了持续犯错的后果，还能听到对方的解释。

> 卷末附录
> 妙语集

当你被伶仃大醉的上级勾肩搭背时

"那个,我去趟洗手间。"(然后立刻起身)

Point

● 对方已经烂醉如泥,无法沟通。所以此时不多解释直接起身为好。

同事昨晚烂醉如泥,今天却仿佛无事发生

"XX,你昨天醉得可真厉害。嘴里净说着'我是大王''都听我的'之类的话。我刚刚还在想到底要不要告诉你呢……"
"昨天的饭局明明不是奔着喝酒去的,结果你不仅喝得烂醉,似乎还说了不少酒话呢。"

当你的业绩被同事"截胡"时

一流沟通术：教你好好说话

直接和他本人交锋："这个，不是你的成果，而是我的成果。希望你报告的时候注明。"

向领导汇报："我希望您能知道这部分是我的成果，所以来向您汇报。"

当你要严肃批评屡教不改的下属时

"你这个错误还真是一直没改啊。再这样下去，会给别人添许多麻烦，你知道吗？这不仅仅是自己的问题，还关系到接下来工作的进展。我希望你能明白自己的行为将带来多么严重的后果。"

当你想要和厂家交涉提前交货时间时

"关于交货日期，我们有个不情之请，能麻烦提前到 X 日吗？理由是这样的……"

Point

- 有话直说。
- 说明了提前的日期和提前的理由。注意理由一定要在合理范围内。

**卷末附录
妙语集**

当你想调换部门时

"不好意思，我有一个请求。我想从 XX 手下调到别的领导手下。理由是这样的……"

当别人在重要碰面上迟到时

"XX 小姐（或先生），之前的通知已经强调了，本次的见面将决定很重要的事情（或者：这是一次十分重要的会面）。因为你的迟到，而让我们迟迟无法进行下去，希望你下次能够准时。"

当你面对的是"玻璃心"时

"因为你的失误，所有人都受到了影响。"

"工作时一定要留好记录，这样大家都放心。所以下次不要只打电话不发邮件了。"

> 一流沟通术：
> 教你好好说话

Point

- 说明理由。
- 语气温和。
- 谈话完美收尾，没有拖泥带水。

> 当客户方的领导办事粗心，项目不顺时

"XX 小姐（或先生）。为了我们今后的合作，我有必要说两句。最近，因为沟通不畅和不守时而造成的工作失误接连发生。如果今后再出现类似的问题，会给我们的整体工作带来极大的麻烦。能否麻烦您以后避免再出现类似的失误？"

> 本来就是突然安排的工作，结果又一次被紧急更改

"我就直说吧，本次的紧急变更给我带来了很大的工作负担。本来这个工作就已经是紧急项目了，现在又突然说要变更，这样会影响我的其他日程安排，请你理解一下我的感受？"

Point

- 表达你对突然变更的想法。
- 语言中若隐若现地表达出抱怨和拒绝。

卷末附录
妙语集

当你在宣讲中被问住时

"实在抱歉，关于这个问题我也不是特别了解（不能马上给出答案）。等我回去查阅清楚后再给出答案，可以吗？"

当有人阴阳怪气导致冷场，你想缓解局面时

"我知道您可能想得比较深远，但是我想在场的观众未必全能理解您的想法，所以何不讨论点开心的话题呢？"

当下属抱怨公司人情淡薄时

"你觉得人情淡薄吗？是最近遇到什么情况了吗？不妨说来听听。"

Point

● 首先要了解情况。

一流沟通术：教你好好说话

会议在讨论中跑题，需要回归主题时

"大家有没有觉得我们的讨论开始跑题了，那我们言归正传如何？"

当有人观点过分自我时

"我明白你的意思了。但是你想不想听听我的意见呢？我希望咱们能够交流一下。"

当你被一向严格的领导责骂，不知所措时

"实在抱歉。"
"我现在不知道该说什么，您能让我组织一下语言吗？"

当你表意不明，被对方误解时

卷末附录
妙语集

◉
"我的话您似乎理解错了,可否允许我再解释一遍呢?"

别人指出你不知道的事情

❌
"我不知道这回事。"
"啊?是吗?那你不早说。"

◉
"原来如此,我原来不知道这件事情,您说了我才了解,太谢谢了。"

卷末附录

妙语集 | **个人生活篇**

当伴侣忘记你的生日和各种纪念日时

"XX 日是我的生日！是不是忘了？（开玩笑的语气）"

Point

● 没有阴阳怪气、冷嘲热讽，直接把想说的话表达出来。

当夫妻间想聊一聊假期安排时

"假期有什么安排吗？要不要讨论一下？我们可以在行程中加入自己喜欢的项目，也可以商量一下要不要一起行动，需不需要帮着买东西，或者有没有意见分歧啊。"

卷末附录
妙语集

Point
● 许多夫妻都因为行程中的琐事不和，所以一定要提前沟通好。

当夫妻间想表达爱意时

吃饭时："每天的饭菜都很好吃，亲爱的你太棒了。"
对刚回家的伴侣："亲爱的你辛苦了。"

当从未对父母表达过爱意的你想好好地道谢时

"我一直有句话想对您说，但总是羞于表达，不知何时说才好。我想说一直以来都非常感谢您二老对我的哺育之恩，我爱你，爸爸妈妈。"

当你的感谢不止一句谢谢时

"太感激您了！"

一流沟通术：教你好好说话

"感激之情，无以言表。"
"我觉得我这辈子最大的幸运就是遇到了你。"

当你去见一位德高望重的人，想打招呼却紧张不已时

"能认识您真是我的荣幸，一直都想当面向您表达敬意。……的事多亏了您的鼎力相助，一直以来都承蒙您的关照，请允许我再次向您表达敬意。"
"一直都希望认识您，这次梦想终于成真了，我真是太荣幸了。"

当小孩子骗你时

"说谎是很不好的事情，一定要说实话。如果说谎被发现了，被骗的人会很伤心的。"
"不能为了逃避责任说谎。"
"我希望你告诉我你说谎的原因。"

Point

- 不要用责骂的语气，要温柔地劝说。
- 让孩子知道说谎的后果。

卷末附录
妙语集

当你发现亲人朋友对你说谎时

"当我知道你骗我时，简直不敢相信这是真的。我希望你解释一下骗我的原因。"

Point

● 不要一味责备，要多和对方表达自己的感受。必要时询问原因。

当一向稳重的你渐渐浮躁时

"很高兴一直被大家信赖，总是放心地把事情交给我。但是正因如此，我的压力也越来越大。老实说，也许大家觉得我是个挺稳重的人，但实际上我也会有犯错和马虎的时候，还需要继续努力。"

"这样看来，我应该好好调整一下自己的状态了。"

当对方言语伤人时

一流沟通术：
教你好好说话

○
"你说这些真是吓我一跳。"
"说真的，这些话挺伤人的。"
"我想不到，你居然会这么说，这真是太伤我的心了。"

Point
● 把自己此刻的心情用语言表达出来。

当你久久不能忘怀一句伤人的话时

✗
"我一直记得呢，今天忍不住了。你还记得之前你说过什么吗？"

○
"有件事情我一直希望可以自己消化，但是自己消化对我而言太难受了。所以今天我想当面和你说。你还记得说过……吗？这句话真的很伤人，希望你以后别再说了。"

Point
● 不要感情用事。

当你想向婆家提出一些意见的时候

卷末附录
妙语集

❌

"那是你的父母，所以应该你来说的吧？真是烦死了，你要是白天说句话，不就没这么多事了吗？"

Point

● 不要从抱怨转为责备。

⭕

"如果我先开口，可能会影响婆媳关系（可能会招人烦）。所以，我觉得由他们的儿子来说会更合适一些。"

当你不想惹事又实在想说一些事情时

⭕

"我本来一直憋着没说，但事关重大，我还是说出来的好。"

Point

● 用对方容易接受的语气表达。
● 不要责备对方。

当你在约会当天取消约会时

> "对不起,今天的约会我不能到场了。当天才告知,真的抱歉。因为……的原因,今天实在是去不了。如果因为我的爽约给你造成了经济损失,请立刻告诉我,我会承担你的损失。"

Point

- 说明不能赴约的理由。
- 如果关系很好,仅仅说一句"对不起"也可以。

当你想要回借出很久的书时

> "说起来,之前借你的那本书,你看完了吗?有其他人管我借了。"

当有人给他人造成麻烦却毫无道歉之意时

> "如果给人添了麻烦,还一点悔意都没有,以后就不会有人愿意理你了。"

Point

- 如果觉得已经过去了,也可以不深究。

卷末附录
妙语集

当你想让一个拖延症患者早日回复你时

"能否在 5 日 11 时之前给我回复呢？"

Point

● 在邮件中明确具体日期。

当你在必须发言的场景下紧张时

"实话说，我现在很紧张。"
"大家别看我表面镇静，其实已经紧张得心都快跳出来了。"

Point

● 开诚布公，更能获取好感。

当你和朋友聊天发现他牙上有菜叶，或鼻头有污垢时

> 一流沟通术：
> 教你好好说话

◯

"你照照镜子，看看牙齿上是不是有什么东西。"

Point

- 如果对方没有镜子，可以递过自己的化妆镜。让对方赶快去洗手间也可以。
- 如果和对方关系较好，可以直接用餐巾擦去鼻头的污垢。

当你介意伴侣的气味时

✕

"什么味儿啊？太臭了吧。"

Point

- 让对方难堪。

不要让对方难堪

◯

"可能只有我这么觉得……你身上的香水味（因年龄产生的味道、昨晚吃蒜的味道等）是不是太浓了？"

Point

- 只强调自己能闻到，不让对方联想身上的味道已经影响到周围的人。

卷末附录
妙语集

当你收到不合心意的礼物时

✗ "这是什么？赶快拿走！"

◎ "谢谢，但是以后的礼物咱们一起去买吧！（一起挑选吧！）"

当婆家送你的礼物不合心意时

◎ "谢谢您，妈妈（爸爸）。但是小明（家里孩子的名字）的衣服实在太多了。孩子他爸都说衣服太多，孩子的奶奶（爷爷）要是能送个……就好了。"

当伴侣说你父母坏话时

◎ "希望你以后不要这么说我的父母了。他们确实有做的不对的地方，但是你这么说太伤人了。"

一流沟通术：
教你好好说话

Point

● 如果你也针锋相对"你的父母也没好到哪里去！"容易发展为激烈的争吵。

当你要和父母聊人生大事时

"我想和您二老商议一下今后的人生方向。因为涉及换工作（独立生活、升学），我想听听你们的建议。是这样的，我想要换一份工作（独立生活），之前一直觉得最理想的工作应该看得见摸得着，但现在我找到了值得奉献一生的工作，如果现在错过了我可能会后悔一辈子。虽然现在说这个可能有些突然，但我真的思考了很久，希望您二老能支持我。"

当你因别人评价你的外观而不悦时

"说者无意，听者有心，你这么说我真的非常伤心。"

愤怒回应"你凭什么说这么伤人的话？真是个不懂分寸的人！"

> 卷末附录
> 妙语集

Point

● 不要感情用事，冷静地应对。

当你想拒绝邻家阿姨的邀请时

"谢谢你的邀请，但是实在不巧，那天计划要和孩子他爸回老家。下次有机会再约。"

Point

● 一定要表现出"真的去不了"的感觉。

孩子奶奶说很久没见孩子了，想让我们回去。
真不巧，那天必须回老家办事。
有个好久没见的同学来找我玩，等等。

当你要拒绝别人告白时

"对不起，我有心上人了。"
"啊？你真的有这种想法吗？谢谢，但是我还没开始考虑这种事情。"

> 一流沟通术：
> 教你好好说话

如果此时对方仍然追着不放："那……那你什么时候开始考虑呢？"

"我们还是做朋友吧。"

结语

　　首先，感谢您能认真地读完本书！

　　交流的先决条件是交流对象，有交流对象才能开始交流。但是交流对象的接受程度和反应因人而异，各有不同。

　　因此，有时交流对象的反应会出乎意料。常有人向我抱怨诸如"对方的反应很吓人"或者"我这样说他真的能懂吗？"之类的问题。

　　对此我的回答是，对于交流的理解不能仅仅停留在纸面上，还要不断地去尝试，否则永远都不能真正地领悟。就像开车一样，新手司机们总是笨手笨脚，但随着里程数的不断增加，就渐渐变得得心应手了。交流也一样，是个熟能生巧的过程。

　　如果这本书能帮助您鼓起勇气向前迈进，那我将感到无比荣幸。

　　值此成书之际，我要向一直以来对我多加照拂的KANKI出版社常务山下津雅子，和一直给予我支持和鼓励的出版伙伴星野友绘真诚地道一声感谢，感谢你们一直以来的陪伴！

　　多亏这二位友人的帮助，本书才能顺利写成。

　　最后，我还要向一直支持我的丈夫和儿子道谢。

　　谢谢你们。

戶田久実
2019 年

【作者介绍】

戸田久実

Adot・communication 株式会社董事

日本愤怒管理（anger management）协会理事

◎ 毕业于立教大学，曾先后就职于日本各大企业，积累丰富经验后成为一名专业研修培训师。曾为银行、制药公司、综合商社、通信公司等大型企业和政府机构等团体，就"传递式交流"的议题做专门宣讲和培训。学员范围之广，遍及社会新人、普通职员、管理层和领导层。

◎ 27年培训经历。其理论基于愤怒管理（Anger management）、自主性沟通（assertive communication）和阿德勒心理学，对于沟通具有极大的指导意义。目前为止其宣讲受众已达到22万人。近年还屡次登上由各大知名媒体举办的论坛，并参与多个电视节目的录制，知名度不断扩大。

◎ 著有《不露怒火的表达》（Anger management）、《阿德勒流派：一分钟轻松表达》（以上两本为KANKI出版）、《女强人的品格》（每日新闻出版）等，本书为其第10本著作。